AF360531

PROMENADES ARCHÉOLOGIQUES
EN ESPAGNE

PIERRE PARIS

Membre de l'Institut

Promenades Archéologiques En Espagne

★★

ANTÉQUÉRA — ALPÉRA ET MÉCA — EMPORION — SAGONTE
MÉRIDA — BOLONIA — LE PALAIS DE LIRIA A MADRID

OUVRAGE ACCOMPAGNÉ DE 67 PLANCHES

PARIS

ÉDITIONS ERNEST LEROUX

28, RUE BONAPARTE, VIᵉ

1921

A mes jeunes Amis

LES MEMBRES DE L'ÉCOLE
DE HAUTES ÉTUDES HISPANIQUES

P. P.

I

ANTÉQUÉRA

I

ANTÉQUÉRA

La nouveauté de l'art rupestre, l'intérêt exceptionnel des gravures, peintures et bas-reliefs qui, dans les vallées françaises de la Vézère et de l'Ariège et pour ainsi dire dans toute la Péninsule ibérique, marquent les étapes de civilisation des âges de la pierre et nous révèlent des mœurs, peut-être des croyances si inattendues et si étranges, ces découvertes qui depuis quelques années se succèdent et se multiplient au delà de toute prévision ont quelque peu détaché l'attention des objets et des monuments qui jusque-là retenaient les préhistoriens et le public curieux : pierres taillées ou polies, os taillés et gravés, menhirs, cromlechs et dolmens.

C'est une injustice, et ceux qui négligent ces témoins des premières civilisations et les problèmes encore non résolus en grand nombre qui s'y rattachent se privent non seulement de belles études, mais

encore d'impressions singulièrement vives et passionnantes.

Certes, c'est une émouvante visite, celle de la
grotte d'Altamira, et c'est un étrange tableau, celui
de ce plafond sombre où se posent et se superposent,
s'entremêlent confondus les bisons, les sangliers,
les chevaux et les biches, où se dispersent, parmi ce
troupeau bigarré, quelques rares et mystérieuses figures anthropomorphes; à les contempler, l'imagination s'envole plus loin encore en arrière jusqu'aux
plus fabuleux de ces temps où l'être humain, sauvage, hirsute, simiesque, à peine conscient peut-être,
s'émerveillait au spectacle de la vie animale et s'éveil-
lait heureusement à l'art civilisateur (1). Et ce n'est
pas une surprise banale de voir, sur les rochers de
Cogul ou dans les grottes d'Alpéra, sur cent autres
rochers, dans cent grottes encore, ces théories, ces
assemblées d'hommes et de femmes, chasseurs, guerriers, danseurs et danseuses, étaler sur les parois
ensoleillées ou sombres leurs corps naïvement copiés
sur le vif, et naturels ou déformés, étirés en silhouette,
simplifiés, décomposés, schématisés par les plus barbares et les plus déconcertantes stylisations de décadence (2).

Mais les monuments de l'architecture religieuse ou
funéraire, menhirs, cromlechs ou dolmens, qui

---

(1) Voir *Promenades archéologiques*, 1ᵉ série. I, Altamira.
(2) Voir plus loin, Promenade à Méca, p. 42 et s.

jadis attiraient seuls ou presque seuls l'examen,
n'ont rien perdu de leur émouvante grandeur. Les
mégalithes de l'Espagne, de mieux en mieux dénom-
brés et connus, ceux des Baléares, talayots, taulas ou
navetas, ceux de Catalogne, ceux d'Estrémadure,
ceux d'Andalousie, ceux de Portugal, effondrés sous
l'envahissement de la brousse et des bois, ou bien
dressés dans les *dehesas* sauvages ou parmi les cultures respectueuses, tous ces témoins blessés ou robustes encore d'un passé plusieurs fois millénaire sont
pour les yeux et l'esprit du touriste, aussi bien que de
l'archéologue, un sujet cent fois renouvelé d'émotion
et de joie.

L'Espagne, en ce domaine de l'art monumental
préhistorique, est comme dans tous les autres prodigieuse et excessive. Pour les dolmens, par exemple,
le nombre n'en dépasse peut-être pas celui des dolmens de France, que les plus récents écrits portent à
plus de quatre mille; d'ailleurs l'enquête, en Espagne,
est à peine commencée. Mais assurément, bien que
les dolmens de la Gaule soient très grands, quelques-
uns même énormes, ceux de la Péninsule l'emportent
généralement par leurs dimensions. Le plus grand
de tous ceux que l'on connaisse, vraiment colossal,
le roi des dolmens, on peut dire, se trouve en
Andalousie : c'est celui d'Antéquéra, depuis longtemps connu et célèbre sous le nom de *Cueva de
Menga*

La vieille ville, industrielle et agricole, perle de la

riche vallée du Guadalhorce, mériterait plus d'intérêt des touristes qui, se hâtant vers Grenade au départ de Séville, passent indifférents ou séduits à peine, de la fenêtre de leur wagon, par le contraste vif de la sierra sauvage d'Abdalajis et de la plaine riante qu'enrichissent le fleuve proche, ses canaux et les ruisseaux affluents. Mais les habitants d'Antéquéra sont fiers de leur noble et riche cité, et la célèbrent à l'envi, en vers comme en prose :

> Antéquéra est l'enchantement des enchantements ;
> le soleil qui l'illumine est un soleil de gloire,
> et son atmosphère est le parfum que donnent les fleurs.
> . . . .
> Antéquéra est le joyau de l'Andalousie,
> cassolette d'aromes, séjour de houris,
> rêve réalisé par ses femmes,
> par ses hommes illustres ; c'est un soleil de gloire,
> riche parure de perles dans une nuée d'or,
> par ses grandes industries, son agriculture,
> par son sol envié, toujours fécond,
> océan de couleur, de lumière et d'ambroisie.....

Rien ne manque au tableau, ni le ciel ensoleillé, ni les fleurs, ni les parfums, ni l'agriculture, ni l'industrie, ni les grands hommes, ni les femmes enchanteresses. Et il faut tomber d'accord que l'amour de la *patria chica* n'aveugle pas trop le poète. L'histoire est là, avec la géographie humaine, pour dire la gloire ancienne et moderne d'Antéquéra.

A qui veut s'arrêter quelques heures, errer par la cité pittoresque et la *vega* verdoyante, les cieux offrent par les beaux mois de printemps leur éclatante pureté, les fleurs leur arome capiteux, les descendants des houris le charme de leur nonchalance brune. Mais c'est ici l'archéologie qui nous attire, et la Cueva de Menga réclame notre première visite.

Le nom même d'*Anticaria*, que portait la ville au temps des Romains, ainsi que nous l'apprennent les inscriptions, témoigne de sa haute antiquité, sans que l'on puisse dire si le mot, sous sa forme latine : n'est que la transcription d'un vocable indigène, dans tous les cas il est l'écho d'une vieille tradition. Selon la fantaisie chère aux premiers chroniqueurs de l'Espagne, les annalistes d'Antéquéra lui ont cherché un noble patron parmi les héros fabuleux. Ils disent que Tubal, traversant ce pays enchanteur dans sa course civilisatrice vers l'Océan, limite du monde, y laissa quelques familles qui fondèrent la ville. C'est pure légende, mais ce qu'il y a de certain, c'est qu'il y eut là une station florissante sinon de l'âge de la pierre taillée, dont on ne signale aucun souvenir, sauf à quelques kilomètres à l'ouest, à Bobadilla, où l'abbé Breuil a découvert un grand gisement paléolithique, du moins de l'âge de la pierre polie : la Cueva de Menga en est le plus probant témoignage.

Le lieu était bien fait pour retenir les générations qui passaient peu à peu de la vie sauvage de la chasse à la vie plus douce et policée de l'agriculture. Le Guadalhorce n'était-il pas déjà le fleuve délicieux, si amoureusement chanté plus tard par les poètes arabes? Et n'était-ce pas déjà la même fraîcheur douce des champs fertiles et des jardins au bord des canaux fécondants, la même sécheresse odorante des sierras toutes proches? N'était-ce pas déjà comme au temps des Sarrasins, comme de nos jours, ce charme du climat qui fait dire à un vieil historien, pourtant maladroit et prosaïque d'ordinaire : « Un continuel printemps semble régner dans ce site de fleurs et d'agrément; le froid ne moleste pas les habitants de sa rigueur, même au plus dur de l'hiver, et les chaleurs excessives de l'été ne se font pas trop sentir autour de cette ville illustre; son air est salubre, et le vent de la mer assez fréquent diminue les ardeurs de la canicule... Les eaux, coulant par des canaux bien tracés, ne forment pas aux environs de lagunes corrompues... et les plantes naissent et croissent toutes fières grâce au secours de l'arrosage et à la bonne culture des champs. Les cimes de ses montagnes exposées à l'action du soleil, au lieu de rendre le climat humide et nébuleux, contribuent par la réflexion des rayons à modérer la rigueur du froid pendant la saison glaciale. Là, sur une terre féconde où les quatre saisons ont une égale durée, où poussent les productions de toutes les zones, tant le délicieux climat tempéré s'adapte bien à la vie animale et végétale, l'homme est plus vaillant, ses talents sont plus clairs, sont génie plus fécond, grâce à ces bienfaits de la nature. » N'oublions pas d'ailleurs la situation privilégiée d'Antéquéra, « la clef des provinces limitrophes, établie sur la route des principales capitales d'Andalousie ».

Toujours est-il que le dolmen de Menga est l'œuvre de riches et puissants constructeurs qui rêvaient, en l'honneur de leurs morts, l'abri quasi éternel d'une tombe de géants. A grand renfort de bras ou d'ingénieuses machines, dont ils ont gardé le secret, ils firent glisser, des carrières situées à plus d'un kilomètre, des blocs dont la masse énorme semblait défier leur force et leur science primitive, et surent les dresser, les élever, les superposer en ordre déjà savant pour édifier en belle place la plus grandiose des chambres funéraires.

Sous l'amoncellement des terres en tertre aplati qui la couvre encore presque entière, la Cueva de Menga a peut-être dormi pendant des siècles son sommeil inviolé de catacombe. Mais il est plus probable que la singularité même du tumulus dominant la plaine en a trahi de bonne heure le secret religieux; les hommes, avides de trésors cachés, ont trouvé l'accès du caveau et dispersé d'une main sacrilège les ossements des aïeux avec leur mobilier mortuaire. A peine, selon un article de journal publié à Grenade en 1874, put-on retrouver, au cours d'une fouille pratiquée à cette époque, quelques grossiers outils de pierre qui avaient servi aux ouvriers bâtisseurs.

Auparavant, à une époque douteuse, mais antérieure à 1842, une fouille faite au centre à une profondeur de 20 à 25 pieds ne laissa rien découvrir ; c'est donc que la première exploration date de loin et fut complète. Le dolmen, dont la partie antérieure est entièrement dégagée, et dont l'autre est encore enfouie, dont plusieurs dalles affleurent au sommet du tertre, est connu d'ailleurs de temps immémorial ; il suffit, pour prouver l'ancienneté des explorations premières, de rappeler les légendes qui se sont cristallisées autour de la Cueva : galeries souterraines qui la réunissent au château de la ville, fantômes apparaissant à minuit, et le nom même de Menga, abréviation de Dominga (d'autres l'appellent Margarita), une pauvre lépreuse qui chercha dans cet antre redouté, sous la protection des fées et des sorcières, un refuge contre la méchanceté et la crainte superstitieuse des hommes. Il est vrai que d'autres étymologistes veulent que le vrai nom de la crypte soit Cueva de Mengal, et cherchent au mot on ne sait quelle bizarre racine celtique.

Aujourd'hui la vaste salle oblongue, un peu étirée en couloir par un étranglement, est profonde de plus de 25 mètres ; sa largeur, irrégulière, est au maximum de 4 ; la hauteur actuelle est de 6 mètres, mais le sol s'est surélevé d'environ 60 centimètres. Trois piliers monolithes, irrégulièrement équarris et irrégulièrement placés, celui d'arrière plus gros que les autres, supportent le toit plat, formant deux nefs

sans symétrie, si bien que la chambre paraît lourde
et basse. Quelques tombereaux de terre enlevés
lui rendraient les proportions justes et toute la
grandiose ordonnance de son architecture. 24 dalles
assemblées sommairement, mais non sans art, et
assez soigneusement jointées, suffirent à dresser les
murs latéraux, 5 monolithes à couvrir de bout en
bout et de large en large la grande salle hypostyle, et
si l'on songe que probablement, comme la remarque
en a été faite, les trois piliers sont une adjonction
plus récente, on reste stupéfait de tant d'audace servie
par tant de puissance. La dalle principale de couverture, celle qui couvre le fond de la chambre, a 13 pieds
de long, 23 de large, et 5 d'épaisseur; on a pu calcu-
ler son volume à 60 mètres cubes, et son poids à
170 tonnes. Quel architecte de nos jours, usant
exclusivement de la pierre, oserait jeter une telle
masse sur un tel vide?

On comprendra mieux d'ailleurs la valeur de tous
ces chiffres si l'on se rappelle que le dolmen sous
tumulus de l'île de Gavr'inis, l'un des plus importants de la Bretagne, est constitué par une allée couverte de 12 m. 50, large seulement de 1 m. 50, aboutissant à une chambre de 2 m. 70 sur 2 m. 40; une
seule dalle énorme couvre ce dernier espace, mais
elle n'est pas égale, en surface ni en volume, à la
moitié de la grande dalle d'Antéquéra, à laquelle on
ne peut comparer qu'une pierre du Mané-Lud
{8 m. 70 × 4 m. 50), car la fameuse Table des Mar-

chands, à Locmariaquer, ne mesure que 5 m. 40 sur 2 m. 70, avec 1 mètre d'épaisseur.

Sans doute l'allée couverte de Bagneux (Maine-et-Loire) est imposante par sa masse : « Sa forme, écrit Déchelette, est celle d'un quadrilatère mesurant 20 mètres en longueur et 7 mètres environ en largeur, sur une hauteur de 3 mètres. Elle se compose de 14 dalles de grès dont 3 suffisent à former le toit. La plus grande de ces dalles mesure 7 m. 50 de long sur 7 mètres de large ; leur épaisseur varie de 0 m. 10 à 0 m. 80. » Mais, on le voit, nous sommes encore loin des proportions de la Cueva de Menga, car toutes les mesures du dolmen de Bagneux sont prises à l'extérieur. L'impression surtout est bien différente, et si le monument de France a pour lui son obscurité mystérieuse de crypte basse, celui d'Espagne l'emporte en ampleur majestueuse, et le visiteur, étonné par les grandes lignes fortes de la nef, se sent au cœur comme l'émotion religieuse de qui s'avance en la pénombre fraîche et recueillie d'une cathédrale.

N'est-ce point d'ailleurs cette sensation de religion et de mystère, autant et plus qu'une insuffisance de science trop jeune, qui fit prendre la Cueva de Menga, comme tant d'autres dolmens, pour un temple druidique ?

La tombe ne vaut pas seulement par son ampleur et sa masse ; elle mérite qu'on l'étudie dans le détail de sa construction. Tandis qu'en effet la plupart des monuments mégalithiques dénotent peu de soin ou peu d'habileté dans la taille et l'assemblage des blocs qui restent bruts et juxtaposés sans appareillage de joints, toutes les pierres qui forment ici la muraille et le toit sont aplanies assez correctement sur leur face interne; au contraire, la face extérieure, qui devait être cachée par la terre et la pierraille du tumulus, est laissée dégrossie à peine. De même, de l'intérieur, on voit les côtés des pierres latérales comme ceux des pierres de couverture dressés suivant des arêtes le plus rectilignes possible et jointes presque avec rigueur ; mais les joints ne suivent pas toute l'épaisseur des parois et se réduisent à une arête plus ou moins étroite ; il se produit des bâillements à l'arrière, ce qui est excusable, puisque le revers de la construction n'était pas visible.

Et s'il arrive parfois que les arêtes ne coïncident pas avec précision, il est remarquable que l'on n'a pas hésité, pour boucher les interstices, à se servir de pierres de blocage et, lorsqu'il s'agit du contact du toit avec ses supports latéraux, de véritables cales fortement coincées.

Les piliers sont équarris, nous l'avons dit, mais non suivant un plan régulier ni uniforme, et de plus ils ne sont pas plantés droit ni dans un juste alignement, et l'on serait étonné d'une telle négligence, si peu d'accord avec l'ensemble de l'édifice, si l'on ne soupçonnait que ces blocs sont une adjonction à l'édifice primitif dont quelques éléments avaient fléchi. Une pierre du toit est brisée, et cette rupture expliquerait suffisamment l'adjonction du premier support. Ils sont d'ailleurs ingénieusement placés, non sous le centre des pierres, mais sous les joints de la première et de la seconde, de la seconde et de la troisième, de la troisième et de la quatrième, ce qui devait leur permettre de rendre chacun double service. Mais, contemporains de l'édifice ou plus récents, ils ne portent vraiment rien, comme l'a constaté, en 1842, l'architecte Mitjana, qui le premier a fait une étude un peu précise du dolmen. Peut-être y a-t-il eu un glissement des supports, ou un abaissement du sol sous leur poids, ou une chute de pierres intercalaires, ce qui expliquerait à la fois le décollement de leur tête et l'inclinaison de leurs lignes. Pour les mêmes causes sans doute on peut rendre compte de la non-adhérence de quelques pierres des parois avec les dalles du plafond et leur légère inclinaison vers l'intérieur de la crypte. D'ailleurs, comme les dalles de couverture débordaient largement de leurs supports, elles sont restées à leur place, soutenues par les terres pesantes du tumulus. Ces accidents, de conséquences si peu sensibles, font du moins ressortir la solidité de ces hardis assemblements.

La Cueva de Menga est située à moins d'un kilomètre d'Antéquéra, sur la gauche de la route d'Archidona à Grenade. Au sud-ouest du tumulus où elle est à demi enterrée, et tout près de lui, à 70 mètres environ, s'élève un autre tertre, qui lui non plus n'avait pas manqué d'attirer l'attention cupide des chercheurs de trésors; on y a remarqué des traces indéniables d'excavations; mais les fouilleurs avaient eu soin de rejeter les terres dans leurs galeries de taupes, et la colline funéraire garda son secret, comme vierge, jusqu'en 1903.

En cette année D. José Viera Fuentes, jardinier de la ville d'Antéquéra, et son frère eurent l'heureuse idée d'entreprendre une exploration sérieuse, et leur initiative eut plein succès. Un nouveau dolmen, frère mineur du dolmen de Menga, se cache au sein de l'élévation artificielle, et il n'est que justice, comme on l'a fait, de l'appeler la Cueva de Viera.

Il est loin d'égaler en grandeur et en majesté son illustre voisin. Il consiste en une allée couverte assez étroite (1 m. 20 à 1 m. 35 de large) et assez basse (1 m. 84 à 2 m. 35), aboutissant à une chambre carrée n'ayant que 1 m. 75 de côté et 2 m. 08 de hauteur. Les parois latérales de l'allée sont constituées par 27 pierres légèrement inclinées vers l'intérieur et dont la largeur varie de 1 m. 88 à 0 m. 71, l'épaisseur de 0 m. 23 à 0 m. 46; le toit de cette allée devait être formé de sept dalles, mais il n'en reste plus que quatre et le fragment d'une cinquième. Quant à la chambre, une seule pierre suffit à chaque côté; une seule pierre aussi, de 5 mètres sur 5, forme toit.

La porte n'est qu'un trou carré régulier, percé à quelques centimètres au-dessus du sol dans la dalle dressée au bout et en travers du couloir.

Comme au dolmen de Menga, les pierres sont assez soigneusement aplanies sur leur face interne et assez bien jointées par leurs arêtes latérales. Ce travail est si satisfaisant que M. Gómez Moreno, l'éditeur très bien informé du monument, a cru d'abord que les constructeurs avaient fait usage d'outils de métal; mais les dalles ne gardent aucune trace caractéristique de tels instruments, tandis qu'on y relève aisément la marque de coups frappés par des marteaux de pierre dure.

M. Gómez Moreno a remarqué aussi que, derrière les murailles, entre les dalles et la terre meuble du tumulus, et formant contre-mur ou contrefort, se trouve une construction sommaire de terre et de pierres en couches alternées, épaisses de plus de 60 centimètres. La même disposition existait à la Cueva de Menga.

Si l'on a pu faire cette observation intéressante, c'est que les chercheurs de trésors, après avoir creusé profondément le sol de la chambre et essayé de percer la paroi de droite, forèrent une ouverture dans celle du fond et pratiquèrent une galerie suivant d'abord le revers de cette paroi, puis, en retour, le revers du mur de droite de la chambre et du couloir. Plus près de l'entrée, ils firent encore deux tentatives et pénétrèrent en arrière des dalles. Mais ce n'est pas

là qu'ils avaient chance de s'enrichir, et ils renon-
cèrent, se contentant de piller la chambre funéraire
et son avenue. Après eux les archéologues eurent peu
de chose à glaner : deux lames de silex, dont une
assez belle, une sorte de palette de calcaire creusée
sur ses deux faces de petits godets ronds, plusieurs
boules rondes, qui servirent de pilons ou de marteaux, quelques tessons de céramique néolithique et
des ossements, parmi lesquels, assure-t-on, une mâ-
choire et des dents de *Bos primigenius.*

La plus intéressante trouvaille, et la moins attendue, est un fragment de tuile romaine à rebord. Fut-
elle apportée là par les premiers fouilleurs, comme le
croit M. Gómez Moreno? Mais pourquoi faire? Ne
vaudrait-il pas mieux admettre que le dolmen, connu
à l'époque romaine et déjà pillé, fut fréquenté
comme tant d'autres, peut-être même utilisé après la
conquête, et qu'il se referma peu à peu et s'enterra
de nouveau au temps des invasions barbares?

Ces deux dolmens ne sont en somme que des variantes d'un même type fort répandu dans la Péninsule, où l'on sait que se développa une très ample
civilisation néolithique. La colline où ils se trouvent,
ainsi que tous les champs avoisinants, surtout le
Cerro de Marimacho, abondent en lames et haches
de pierre, en tessons de poterie grossière, noire, mo-
delée à la main. Mais on y ramasse aussi des restes
d'antiquités romaines, débris de vases et de tuiles,
cubes de mosaïques, etc., et l'on y remarque encore

des sépultures parmi des ruines d'édifices. C'est la preuve que d'infinies générations se sont succédées dans ces lieux privilégiés, sans qu'on puisse par malheur en suivre l'histoire à peine marquée de quelques jalons.

C'est ainsi qu'il existe un autre monument tout voisin des dolmens et apparenté avec eux, dont l'intérêt est plus grand encore, car il est un de ceux qui posent un des problèmes les plus difficiles de la protohistoire hispanique.

A deux kilomètres environ de la Cueva de Menga, dans la direction exacte de la Peña de los Enamorados, dont nous parlerons tout à l'heure, on voit une colline artificielle aplatie au sommet, qui se détache en blanc sur le fond plus sombre de la Sierra d'Archidona, et pour cela s'appelle le *Cerro Blanco;* on la connaît aussi sous le nom d'*El Patronado* ou d'*El Romeral* parce qu'elle fait partie d'une propriété de la famille Romero. Au sein de ce vrai tumulus se cachait un tombeau dont la découverte et l'exploration sont dues encore aux frères Viera, ce qui leur fait grand honneur.

La Cueva del Romeral, il faut le dire tout de suite, évoque avec une précision rare les salles rondes, couvertes en coupole et précédées d'une avenue, dont le Trésor d'Atrée à Mycènes est l'exemple le plus célèbre et le plus beau.

Depuis longtemps, en Espagne et en Portugal, on a reconnu des tombeaux analogues, et nous-même

en avons autrefois signalé quelques-uns, ceux que
les frères Siret ont découvert à los Millares dans la
province d'Alméria, celui de Gandul, près de Car-
mona, exploré par M. George Bonsor, et ceux des
Algarves dont les plans ont été donnés par l'infatigable archéologue portugais J. Leite de Vasconcellos.
Il faudrait y ajouter maintenant celui de Lumbrales,
dans la province de Salamanque, celui de la Dehesa
de Toniñuelo à Jerez de los Caballeros (Badajoz),
ceux de Gor (Granada), de la Loma de Belmonte à
Mojácar, du Llano de la Atalaya, à Purchéna, celui
de Mattarrubilla et celui de Castilleja de Guzman
(Cueva de la Pastora) dans la province Séville, qui,
avec celui de Gandul, nous intéresse davantage,
puisqu'il appartient en somme à la même région
que celui du Cerro Blanco, et bien d'autres encore,
plus ou moins importants ou bien conservés, dont
l'énumération est ici superflue. Mais aucun ne nous
semble avoir la valeur de celui d'Antéquéra.

Il ne s'agit pas de mérite artistique ; le rapprochement indiqué avec le Trésor d'Atrée ne doit pas nous
faire illusion, car nous sommes très loin de la belle
et savante architecture mycénienne, et si la tombe
d'Antéquéra fut, comme celle de Mycènes, destinée
à recevoir la dépouille d'un grand roi ou d'un grand
chef, ni sa ville n'était riche en or, ni ce roi ou ce
chef n'avait la puissance somptueuse et le goût d'un
Atride. L'architecte de la Cueva del Romeral n'eut
même ni les ressources ni la force du rude assem-

bleur de pierres de la Cueva de Menga. Les murs de
l'allée couverte, longue de 23 m. 5o, sont grossière-
ment édifiés en minces plaques de calcaire et de
schiste mêlées, superposées à plat et couchées sur des
lits de mortier de terre. Les morceaux, épais seulement de 5 à 8 centimètres, larges de 35 en moyenne,
sont longs de 1 mètre environ et placés irrégulièrement en travers, si bien que le mur est, dans son
ensemble, d'épaisseur très variable, et se perd insen-
siblement en arrière dans la masse du talus rapporté.
De plus, chaque assise est légèrement en saillie sur
l'assise inférieure, de sorte que le mur est oblique, et
que le haut de la galerie est plus étroit que le fond.
On a eu soin, d'autre part, de ménager les couches de
mortier entre les couches de pierres de telle façon
que les têtes des plaques n'y baignent pas, à l'intérieur du couloir, et l'on a rempli les vides ainsi
réservés au moyen de petits cailloux enfoncés à sec
comme des coins.

C'est, on le voit, une construction banale et très
pauvre. On ne s'est servi de grandes pierres que
pour le plafond. Elles ne méritent pas du reste le
nom de mégalithes, car l'allée n'a que 1 m. 70 à
1 m. 85 de large. Encore ces pierres sont-elles informes, non travaillées, et si mal choisies que 4 sur
10 se sont brisées sous le poids de la terre qui les
couvrait. La porte d'entrée du couloir est détruite ; il
n'en reste que 3 pierres réunies qui ne suffisent pas
même à une restitution graphique.

L'étroit passage débouche sur une salle ronde qui fut assurément la salle funéraire ; une murette s'interpose, percée d'une porte moins large du haut que du bas, en forme de trapèze, comme était la porte du Trésor d'Atrée. Le linteau est monolithe ; les deux jambages le sont aussi, mais si mal coupés, en sifflet au sommet, qu'on a dû bloquer par un coin de maçonnerie un hiatus laissé entre leur tête et le linteau. La maçonnerie de la crypte est exactement semblable à celle de l'allée, mais est pourtant fort intéressante, car elle forme une coupole ogivale par anneaux en encorbellement régulier, anneaux dont les éléments diminuent de volume à mesure que la construction s'élève. Une grosse dalle, la plus grosse de toute la construction. sert de clef ou plutôt de couvercle au sommet, remplaçant une dernière série d'anneaux qui eussent dû logiquement fermer la courbe. Il semble que le maçon n'ait pas osé pousser ses encorbellements jusqu'à leur terme logique, de peur d'un effondrement ; il s'est arrêté aux deux tiers à peine de l'œuvre, posant trop tôt et trop bas la pierre terminale sur la voûte interrompue. Cette courbe est surbaissée et lourde, la clef n'étant qu'à 4 mètres d'élévation, et la chambre n'ayant d'autre part que 5 m. 20 de diamètre.

A cette première crypte s'en unit par un court passage une seconde, un peu oblique à la première, plus petite (2 m. 40 de diamètre. 2 m. 34 de hauteur) et construite absolument de même. Ce qu'elle a de

plus remarquable, c'est une grande dalle soigneusement aplanie qui est engagée dans la paroi tout en
face de la porte ; elle couvre la plus grande partie de
la surface du sol et a bien pu servir à recevoir le
corps ou les corps déposés dans la crypte.

La Cueva del Romeral avait été violée, comme
celle de Viera. Les chercheurs de trésors ont arra-
ché des pierres du toit et des murs de l'allée ; ils
ont ouvert des brèches dans la voûte de la grande
chambre, creusé deux trous profonds jusqu'au sol
vierge dans la petite. Aussi les frères Viera ont-ils
trouvé peu de choses à glaner : dans les cryptes,
quelques ossements humains dont la date reste
douteuse, et de rares tessons en argile noire, fine et
bien polie, provenant de jarres plus ou moins
grandes ; dans le couloir, des ossements, des débris
de tuiles romaines et des vases d'âge incertain.

Ce même tumulus renferme un autre monument
qui n'est pas complètement déblayé, et c'est grand
dommage, car ce que l'on en voit est fort curieux.
C'est une sorte de galerie tournante, creusée dans
une masse rocheuse contre laquelle la Cueva del
Romeral semble adossée. Étroite et basse, arrondie
par le haut, elle s'enfonce en pente assez vive et
s'arrête sans déboucher dans aucune salle. Sur la
droite se détache un court diverticule brusquement
terminé, comme la galerie principale, et sur la
gauche, un peu plus près de l'entrée, derrière un
passage obstrué par la terre et impraticable, on de-

vine une salle assez vaste et obscure, dont nous ne savons ni si elle a été bien explorée, ni si elle a des ramifications.

Ceux qui se sont occupés du tombeau à coupole n'ont jamais parlé de ce voisinage curieux. Est-ce un autre tombeau ? La disposition, en ce cas, serait si nouvelle qu'il serait intéressant de le déblayer pour en dresser le plan et l'étudier en détail.

Fera-t-on cet effort ? Hélas ! le Cerro Blanco est à l'abandon. Après la fouille une grille a été placée à l'entrée du tombeau à coupole ; elle existe toujours, mais complètement inutile. car on pénètre comme on veut dans le monument par un trou béant du couloir, et peu à peu les murs se désagrègent et s'écroulent, obstruant le passage. Bientôt la ruine atteindra les chambres funéraires et les voûtes, et c'en sera fait d'une des reliques les plus intéressantes de la préhistoire ibérique.

La Cueva del Romeral nous a rappelé le Trésor d'Atrée ; elle nous rappelle en même temps tous les tombeaux à coupole, non seulement ceux de la Grèce propre, les autres Trésors de Mycènes, ou de l'Héraion d'Argos, celui de Minyas à Orchomène ou ceux d'Attique par exemple. mais aussi ceux d'Asie Mineure, comme le Tombeau de Tantale sur le Sipyle. ceux d'Hissarlik ou de Ghérési en Carie, qui tous ne sont que des variantes d'un même type, quelle que soit d'ailleurs la date de leur construction, quel que soit le peuple qui les édifia.

Mais il ne suffit pas de faire des rapprochements, il faut savoir quelles conclusions on peut en tirer, et c'est le point difficile. Les archéologues les plus qualifiés se sont trouvés fort en peine lorsqu'il s'est agi de déterminer l'origine de la tombe à coupole mycénienne, et leurs conclusions sont restées vagues. Ce n'est pas assez dire que la cabane du paysan phrygien ou la maison très primitive des ancêtres des Grecs a inspiré la forme de la dernière demeure des morts ; tout ce que l'on peut affirmer, c'est que ce type est antérieur à la civilisation mycénienne et s'est créé ailleurs qu'à Mycènes, comme s'exprime M. G. Perrot. Mais où et quand en a-t-on trouvé la première forme ?

Le mieux ne serait-il pas d'admettre que, dans la plupart des civilisations qui se sont développées au bord de la Méditerranée orientale, et pendant de longs siècles, la même idée religieuse a conduit les vivants à confier la dépouille des morts à des habitations secrètes, cryptes creusées dans le roc ou aménagées au sein de tertres artificiels, et qu'ils croyaient éternellement inviolables ? De là, dans la construction des tombeaux des rencontres tantôt fortuites, tantôt dues à une imitation voulue. Si, par exemple, la forme ronde de la chambre funéraire n'a rien d'original et peut avoir été adoptée en bien des lieux distants et divers sans qu'il y ait là autre chose qu'une simple coïncidence, en revanche l'idée de la voûte conique formée de pierres superpoées en encorbellement est si particulière et spéciale qu'il semble bien qu'il faut qu'elle soit sortie en un jour heureux, en un lieu privilégié, du cerveau d'un ingénieux constructeur, qu'elle ait plu et que la forme nouvelle, plus ou moins bien imitée, se soit répandue de proche en proche.

Or, non seulement le plan exact des tombeaux orientaux à coupole, mais la forme et la structure de leur voûte spéciale, voici que nous les retrouvons assez fréquemment à l'autre extrémité du monde antique, aux pays de la Méditerranée occidentale. Pour nous en tenir à la Cueva del Romeral, nous retrouvons le *dromos* des tombeaux d'Asie Mineure et de Grèce, la crypte ronde flanquée d'une crypte secondaire et la même voûte à coupole ogivale formée d'anneaux encorbellés. Est-ce donc un emprunt fait à l'architecture orientale, et trouvons-nous là une preuve absolue de rapports entre la civilisation de Mycènes et la civilisation des anciens Ibères ? Nous l'avons soutenu dans un livre déjà ancien en signalant les tombeaux à coupole de los Millares, des Alcores ou de Lusitanie, et la découverte de la Cueva del Romeral, postérieure à ce livre, est bien faite, semble-t-il, pour fortifier notre théorie.

Cependant cette découverte apporte des éléments nouveaux au problème et crée des difficultés. La tombe du Romeral est située près de deux dolmens, tous deux constitués par une allée couverte et une crypte ; le monument ne diffère donc des Cuevas de

Menga et de Viera que par la forme ronde de ses cryptes et de ses voûtes. La différence d'appareil de construction de la Cueva de Menga est négligeable, puisque le dolmen de Viera est aussi bâti en petites pierres, comme du reste bien d'autres dolmens, de France en particulier, dolmens que l'on s'accorde seulement à considérer comme plus récents que les dolmens mégalithiques. De même on connaît en Espagne et hors d'Espagne plus d'un dolmen à crypte ronde, et il n'est pas rare non plus de rencontrer des dolmens ayant une chambre latérale, et même plus d'une.

On est donc en droit de dire que la Cueva del Romeral n'est qu'un dolmen modifié, perfectionné, si l'on veut, assurément plus jeune que ses voisins, mais un dolmen enfin. Et n'est-on pas tenté d'aller plus loin et d'affirmer que voilà peut-être trouvée l'origine de la tombe à coupole ? C'est la tombe néolithique, le dolmen.

Ne signale-t-on pas des dolmens dans toute l'Europe orientale, en Asie et en Afrique ? « La présence des dolmens, a écrit Déchelette, a été reconnue sur une vaste zone géographique qui, à l'est, commence dans l'Inde et comprend la Syrie, le Caucase, la Crimée, divers points du littoral septentrional de la mer Noire, l'Afrique du nord (Soudan, Tripolitaine, Tunisie, Algérie et Maroc). »

Quant à la voûte couvrant les chambres rondes, devons-nous cesser d'admettre qu'elle a été intro-

duite en Ibérie par les navigateurs orientaux, bien qu'il
y ait tant de témoignages écrits et tant de preuves
archéologiques de leurs voyages et de leur influence ?

Nous n'ignorons pas que les préhistoriens sont
conduits par de sérieuses remarques d'archéologie
à croire que les tombes néolithiques de l'Espagne sont
d'un âge plus ancien que celles de la Méditerranée
orientale, alors que le cuivre commençait à peine à
faire son apparition dans l'industrie néolithique ;
elles seraient bien plutôt énéolithiques. D'où il résul-
terait, sans trop de complaisance, que de l'Occident
cette fois serait venue la lumière, serait venu le pro-
grès. Les Égéens auraient copié et non inventé la
coupole. Et voilà un nouvel argument précieux pour
dissiper le mirage oriental.

Mais faut-il vraiment avoir pleine confiance dans
les solutions si différentes les unes des autres que
donnent des mêmes problèmes chronologiques, avec
les mêmes données, les meilleurs préhistoriens
et protohistoriens de l'Espagne ? Nous aimerions
mieux, s'il fallait renoncer à chercher ici les in-
fluences égéennes, soutenir, comme on peut le faire
avec quelque force, et bien que cela semble contra-
dictoire avec un principe énoncé plus haut, qu'en
Ibérie comme dans le monde égéen la coupole fut
une invention spontanée des maçons indigènes, née
simplement des nécessités architecturales (1).

(1) Nous connaissons, dans des hameaux perdus du Péri-

D'abord, lorsqu'il s'agissait de couvrir une crypte ronde, de diamètre assez grand, l'emploi d'un monolithe posé à plat ou de plusieurs pierres oblongues était malaisé, car il aurait fallu les arrondir, sous peine de les voir déborder trop largement par leurs quatre angles inutiles. D'autre part, destinées à supporter un tertre lourd, les pierres se seraient écrasées sous le poids si l'on n'avait établi dans la crypte des supports qui l'auraient encombrée. Pour remédier à ces défauts du plafond, la voûte s'offrait et s'imposait. La plus simple obervation, la plus sommaire expérience dut apprendre de bonne heure, même aux peuples primitifs, que la voûte sépare, répartit, dirige et atténue les forces de la pesanteur en permettant de donner aux espaces qu'elle couvre une hauteur élégante. Il est à remarquer d'ailleurs que, dans quelques tombes à coupole de la province d'Alméria, le sommet était soutenu par une colonne centrale, en pierre ou en bois, d'une ou de plusieurs pièces, parfois non taillée, et appuyée sur une base de pierre creusée pour la recevoir. C'est peut-être là le signe d'une forme de transition. Ces caractères élémentaires suffisaient sans doute pour que l'on songeât à appliquer la voûte à la construction des chambres dolméniques.

gord, d'extraordinaires coupoles en encorbellement à l'air libre construites sans mortier, qui sont l'œuvre spontanée de quelques ouvriers paysans sans aucune culture ; les plus audacieuses sont de date assez récente, à peine centenaires.

Quant à la disposition même par anneaux concentriques qui montent en se rétrécissant et se fer-
mant peu à peu, il ne pouvait être question d'une
autre jusqu'à l'invention savante des claveaux. L'auteur du Trésor d'Atrée a su, en vrai et grand architecte, employer de belles pierres de taille habilement coupées et unies ; le maçon d'Antéquéra, réduit
pour cause de pauvreté ou d'insuffisance à l'emploi
de ses mauvaises pierres plates et de son maigre mortier, a résolu le même problème avec moins d'art,
mais avec beaucoup d'ingéniosité. Son œuvre a
résisté au temps, comme ont résisté les puissants et
luxeux édifices près desquels elle paraît si humble et
si modeste. Puisse-t-elle résister aussi, maintenant
qu'on l'a retrouvée dans son tumulus millénaire, à
plus d'un danger qui la menace, car il n'est pas de
monument, dans toute l'Espagne, dont l'étude soit
plus nécessaire et plus utile à l'histoire des premiers
âges !

Puissent aussi ces trois dolmens retenir plus souvent au passage les touristes avec les savants ! Ils ne
regretteront pas quelques heures d'arrêt dans une
ville charmante, où, d'ailleurs, les intéresseront encore plus d'un souvenir du passé.

Comme il est arrivé souvent, l'établissement de la
ville s'est déplacé au cours des âges ; la cité des Tur-

2.

détans s'est portée à quelque distance de la bourgade
néolithique, et bien qu'aucun monument conservé
n'en donne la certitude, il est probable qu'Anticaria,
le municipe romain mentionné par l'Itinéraire d'Antonin, occupait le site même de la moderne Antéquéra.

Les historiens donnent du nom d'Anticaria une
étymologie amusante : ce serait la ville antiquaire
parce qu'elle aima de tout temps à réunir et à con-
server les reliques des vieux temps.

Le fait est que si quelques inscriptions romaines
ont été trouvées au cours des ans à Antéquéra même,
le plus grand nombre de celles qu'elle renferme
encore proviennent de villes voisines, Singilia-Barba,
Municipium Flavium Liberum, dont les ruines
importantes se voient à une lieue et demie au nord-
ouest (Valsequillo, ou el Castellon, appelé aussi
Antequera la Vieja), ou d'Osqua, autre municipe
que l'on fixe au Cerro del Leon, quelque part au sud
dans la montagne.

Pour justifier ce beau titre, à la fin du seizième
siècle, en 1585, les Antéquérains édifièrent à l'entrée
de leur citadelle un arc de triomphe magnifique.
La dédicace « à Philippe II, Roi des Espagnes,
des Indes Orientales et Occidentales et des Deux-
Siciles, Suprême Protecteur de la Religion et de
la Foi chrétienne » nous apprend que le monument fut construit « avec les reliques des villes de
Singilia, Illura, Anticaria et Nescania » et ajoute :

« Les épitaphes qui démontrent l'antiquité de cette ville sont ici. » Le monument fut exécuté tandis qu'était corregidor D. Juan Porcel de Peralta, de Grenade, sous la surveillance d'Antonio Ordas, par l'architecte Francisco Acariola.

L'arc n'est plus, hélas! dans son état primitif. D'abord on le transporta pierre à pierre sur un autre emplacement, opération qui ne va jamais sans quelques dommages, puis on lui ajouta des statues et divers ornements.

En sa fraîche nouveauté, tel que de vieilles gravures nous en ont conservé l'image, il avait assez noble aspect. Les lignes architecturales de la porte ouverte à plein cintre et de sa corniche saillante étaient simples et fortes et de proportions heureuses. A droite et à gauche sur des socles bas se dressaient deux grandes statues d'empereurs romains, tourmentées suivant la formule du temps, mais d'un assez bel effet décoratif; c'est elles qui ont valu à la porte son nom de Porte des Géants. L'entablement portait à gauche une statue de la Religion soutenant une colonne inclinée, à droite une autre figure allégorique de femme, la Fidélité sans doute, car une levrette jappait à ses pieds. Le centre se relevait en socle élégant que flanquaient le château de Castille et le lion de Leon, tandis que la face en était ornée d'un vase de lys, et sur le socle s'enlevait un Hercule en marche, l'écu au bras, brandissant la massue, sculptures elles aussi de style théâtral et pompeux, mouvementées et compliquées, mais qui, découpées sur le ciel limpide, formaient un riche couronnement.

De l'autre face de la Porte nous savons seulement qu'elle était décorée d'une victoire ailée, avec cette dédicace :

FAMAE S. ANTIQUARIENSIS PRAET D.

JOANNE

PORCELLO DE PERALTA

PRO PRAET. LICENCIATO ANTONIO ORDAZ

VIRIS MERITISS.

STATUAM HANC INSIGNI FORMA UT

QUIBUS EJUS

DECOR ARRISERIT TALES ESSE CURENT

QUALES VOLUNT HABERI DD.

Les inscriptions, au nombre de 44, étaient incrustées çà et là dans les pleins de la muraille. Chose curieuse, si la plupart étaient antiques et authentiques, à peine retouchées et ravivées, plusieurs n'étaient que des copies. On a dit tantôt que les constructeurs avaient agi ainsi pour ne pas endommager les édifices où les pierres antiques étaient engagées et dont il aurait fallu les arracher, tantôt que, les originaux étant difficiles à lire, on avait ainsi trouvé le moyen de les rendre plus compréhensibles. Ces originaux existent encore pour la plupart et la comparaison est facile à faire : les érudits d'Antéquéra, au seizième siècle, n'étaient pas mauvais épigraphistes, et du moins leurs faux étaient honorables autant que naïfs. Ce ne fut pas partout le cas.

D'ailleurs ces textes, anciens ou modernes, sont, en ce qui concerne Antéquéra, d'un intérêt médiocre et tout local : dédicaces de statues d'empereurs ou de membres de la famille impériale, mentions de magistrats municipaux, décurions et duumvirs, épitaphes de personnages obcurs, mais rien qui puisse donner quelque lumière ni sur l'histoire du municipe, qui semble condamnée à rester dans l'ombre, ni sur les monuments de la cité.

L'Arc des Géants n'est qu'une misérable ruine : toutes les statues ont disparu du faîte et des deux façades ; il ne reste qu'un ou deux fragments informes de bas-reliefs. Toutes les inscriptions, dont la plupart étaient encore en place il y a vingt ans (nous les avons vues alors), ont été arrachées, et les trous ont été bouchés par d'ignobles platras. Il ne reste de l'arc de triomphe pompeux qu'une informe carcasse, dont on ne sait si les habitants d'Antéquéra doivent éprouver à sa vue plus de pitié ou plus de honte. Mieux vaudrait la raser irrémédiablement par la base.

Il faut passer sous l'arche lamentable pour arriver au Castillo qui domine de haut la vallée étagée sur ses flancs et débordant vers la plaine. Il n'en reste qu'une enceinte de bastions et de tours plus ou moins découronnés, rongés et croulants. Une seule tour, au point culminant, s'est conservée haute et droite, après avoir subi de nombreux rapiécements au cours des siècles : c'est la Tour de la Vela. Un clocheton la surmonte dont la cloche donne les signaux aux irrigations de la plaine.

De cet observatoire élevé la vue est magnifique, en arrière sur les montagnes sauvages, en avant, vers l'occident, sur la *vega* fertile, ses champs et ses vergers ; elle est lugubre sur le plateau même du *castillo* où s'évoque si tristement, parmi les moellons, les tessons et les herbes rares, sans parler de quelques vagues essais de culture, le souvenir de la puissance romaine.

Des fouilles peut-être nous rendraient, au cœur de l'acropole déserte, les substructions de quelques édifices ; actuellement on découvre à peine la dépression que creuse une antique citerne, et quelques pans de murailles dont le dur conglomérat perce encore une maigre couche d'humus.

D'ailleurs, il ne semble pas douteux que les Romains aient construit ou plutôt reconstruit la muraille et ses tours. La maçonnerie en belles pierres de taille régulière subsiste en maints endroits, souvent jusqu'à une assez grande hauteur, et contraste heureusement avec les blocs effrités de tapia arabe qui s'amalgament à ses assises. Le temps a patiné à souhait de jaune, de roux, de blanc et de noir les blocs, qui ont résisté à ses attaques, et le soleil avive et

découpe les taches séculaires pour l'enchantement de
nos regards.

Nombre d'autres inscriptions, dédicaces ou épi_
taphes, se voient encore par la ville. encastrées dans
les murs des vieilles maisons ou des vieilles églises.
Sans doute elles ont été trouvées sur les lieux mêmes
ou près des lieux où elles sont conservées, et cela
seul donne la preuve que la ville moderne couvre la
ville antique. bien que de récents travaux de voirie
assez importants et la construction de beaux édifices
aient donné l'occasion de creuser et de retourner le
sol en maints endroits, mais sans succès. Et le développement de l'intelligente cité, dont le nombre des
habitants augmente, et qui devient de jour en jour
plus industrielle, partant plus riche, ne laisse pas
espérer que des fouilles profondes puissent éclaircir
ailleurs qu'au Castillo les ténèbres de son passé ibérique ou romain.

L'histoire d'Antéquéra chrétienne et mauresque est
au contraire bien connue ; elle n'est pas sans gloire.
Les temps de la *Reconquista* furent pour elle pleins
de poétique héroïsme, et le souvenir en enchante
encore ceux qui, par les beaux soirs d'été, promenant
leur indolence andalouse sur l'esplanade fleurie d'Alphonse XIII, laissent errer leurs regards sur les lointains bleuissants de la sierra d'Abdalajis.

Là-bas surtout, à quelque distance vers l'occident, parmi les premiers contreforts de la cordillière, par delà le tertre vague du Romeral, que baigne le Guadalhorce, la *Peña de los Enamorados* évoque la poésie des grandes journées de guerre et des tragiques amours. Le grand rocher sec et sans arbres, par un caprice de la nature, se détache nettement sur l'horizon en admirable profil de femme. La tête colossale, renversée et comme mourante, qui contemple éternellement les hauteurs infinies du ciel, belle d'une étrange sérénité mélancolique, semble l'image funéraire de la belle musulmane morte là, dit une légende, pour avoir trop aimé un trop séduisant chrétien.

La tradition est un peu imprécise quand elle ne devient pas, sous la plume d'un poète comme Rodrigo de Carrajal ou d'un compilateur comme Manuel Solana, un long roman assez banal. La voici sous sa forme la plus simple et la plus touchante, et telle qu'on la retrouve d'ailleurs assez répandue en d'autre lieux de l'Espagne, avec de simples variantes de détails. Un jeune chrétien, de noble famille, dont le nom et l'origine varient suivant les conteurs, était captif d'un Maure de Grenade. Le Maure avait une fille, appelée tantôt Ardana, tantôt Zaide. Jeunes et beaux, l'infidèle et le chrétien s'aimèrent et résolurent de s'enfuir vers quelque ville reconquise. Mais à peine étaient-ils en route que le père barbare, emporté à leur poursuite, les rejoignit près de la Peña. « Alors, dit le R. P. Mariana dans sa célèbre Histoire, ils virent arriver le père, qui avec des cavaliers volait à leur poursuite. Que pouvaient-ils faire ? A quel parti se tourner ? Quelle résolution prendre ? Menteuses les espérances des hommes et misérables leurs projets ! Ils se résolurent, seule détermination possible, à gravir la Peña en grimpant à travers les roches, un assez pauvre remède. Le père, d'un air furieux, leur ordonna de descendre, les menaçant, s'ils désobéissaient, d'une mort très cruelle. Ses compagnons les admonestaient de même, leur disant que le seul moyen d'obtenir la pitié et le pardon paternels était de se jeter à ses pieds. Ils ne voulurent pas s'y résoudre. Les Maures, descendant de cheval, se mirent à escalader la Peña. Mais le jeune homme les repoussait en faisant rouler des rochers, jetant des pierres et des bâtons, et tout ce qui lui tombait sous la main et qui pouvait lui servir d'armes dans son désespoir. Ce que voyant, le père fit venir des archers pour leur lancer de loin des flèches. Se sentant perdus, les jeunes gens résolurent de mourir pour échapper à leur malheur et aux tourments plus grands encore qu'ils avaient à craindre. Les paroles qu'ils échangèrent à ce moment, il n'y a pas à les rapporter. Enfin, se tenant étroitement embrassés, ils se jetèrent du haut du rocher du côté même où les regardait le père cruel et furieux. Aussi ils expirèrent avant même d'arriver en bas, au grand chagrin de tous ceux qui assistèrent à ce spectacle et dont quelques-uns même pleuraient. Et malgré le père, tels qu'ils étaient enlacés, on les enterra en ce lieu même. Cette constance eût été mieux employée en autre conjoncture, et cette mort leur eût été glorieuse s'ils l'avaient soufferte pour la vertu et la défense de la vraie religion, et non pour satisfaire une passion désordonnée. »

Le grave jésuite ne plaisante pas avec la morale ; tant de jeunesse et tant d'amour ne trouve pas grâce devant ses yeux de chrétien et de religieux. Peut-être si avant de mourir la pauvre amante avait adjuré sa foi musulmane...

Pour nous, l'idylle tragique donne un mystère et un charme de plus au jeu étrange de la nature qui sculpta en beauté sur un ciel de rêve le profil de la triste jeune fille. Lorsque le voyageur quitte la station d'Antéquéra, tandis que le train s'essouffle paresseusement vers Archidona et Grenade, la tête immense et pure peu à peu se rapproche et s'altère en se rapprochant ; le contour délicat s'émousse et se déforme, et quand le convoi vient contourner le pied de la Peña, ce n'est plus qu'un amas chaotique de pointes rocheuses, de ravins arides et de coulées de pierres. Ainsi s'évanouit l'œuvre factice et illusoire du hasard, comme s'évanouirait la légende de ces Enamorados pour qui voudrait en serrer de près la trame fuyante, comme Antéquéra disparaît au loin dans la brume dorée du soir.

BIBLIOGRAPHIE. — C. FERNÁNDEZ, *Historia de Ante-quera*, Málaga, 1842 (rééd. Antequera, 1903). — MITJANA Y ARDISON, *Memoria sobre el templo Druida hallado en las cercanías de la ciudad de Antequera, provincia de Málaga* (1847). — *Monumentos arquitectónicos de España* (Madrid, 1907). — GÓMEZ MORENO, *Arquitectura tartesia. La necrópolis de Antequera* (*Boletín de la Real Academia de la Historia*, 1905, II, p. 81 et s). — *Corpus Inscriptionum latinarum*, II, p. 276 et s.

II

MÉCA

ALPÉRA ET L'ABRI DEL BOSQUE

MÉCA
ALPERA ET L'ABRI DEL BOSQUE

Parmi les ruines de l'Espagne antique, nulles n'excitent plus vivement la curiosité de l'archéologue que celles de Méca ; nulles ne frappent non plus d'une impression plus grandiose l'imagination du visiteur qui sait y venir chercher un magnifique spectacle de nature.

Le site est depuis longtemps connu des antiquaires mais le premier qui semble l'avoir décrit est le chanoine Lozano dans son livre *Bastitania y Contestania del Reino de Murcia* (1794). Il le place exactement « sur un mont voisin d'Almansa, mais plus voisin encore d'Alpéra ». Ce mont abrupt est l'une des pointes extrèmes, au nord, du Mugrón qui sépare la vaste plaine d'Alpéra de celle, plus accidentée, d'Almansa. Nous doutons que le chanoine ait visité les ruines, car il croit que la ville était une ville romaine.

dont le nom s'est perdu, que les Goths l'habitèrent à leur tour, et qu'enfin les Arabes lui donnèrent le nom qui a persisté, « soit que ceux qui la peuplèrent vinssent de La Mecque, soit que leurs ancêtres en fussent originaires ». Plus tard Ceán-Bermúdez, dans le *Sumario de las Antigüedades romanas que hay en España*, parle trois fois des ruines dont il ne réussit pas bien à préciser l'emplacement ni à marquer l'importance. Pascual Madoz (*Diccionario geográfico-estadístico-histórico de España*, xi, p. 328) décrit la ville avec exactitude sous le nom de *Puntal de Meca*, mais sans rien nous apprendre de son histoire ni de son intérêt archéologique. D. Pascual Serrano, plus récemment, en 1894, a publié dans la *Crónica de la Provincia de Albacete* de D. Joaquin Roa y Erostarbe (11,355) les observations très précises qu'il fit au cours d'une minutieuse visite, mais son récit est gâché par les réflexions peu sérieuses qu'y ajouta un ignorant plein de fatuité nommé José Sabater.

C'est M. Arthur Engel qui, à la suite d'une course rapide, a le premier attiré l'attention des Français sur la splendeur incomparable du site et du panorama qui s'étale aux pieds du mont, et la majesté des horizons infinis (*Mission archéologique en Espagne, Archives des Missions*, iii, 1992, p. 183. Heureusement inspiré par le rapport de notre ami, nous fîmes nous-même, peu après lui, l'excursion de Méca, et nous n'avons pas manqué de relater, avec nos observations scientifiques, notre émotion à parcourir la vertigineuse acropole déserte (*Essai sur l'art et l'industrie de l'Espagne primitive*, ii. p. 7, 1904). Enfin M. Julián Zuazo y Palacios, mieux autorisé que personne à parler d'une région dont il est originaire, qu'il parcourt depuis longtemps en fils dévot, en archéologue et en artiste, a consacré à Méca un élégant volume plein de constatations et de remarques aussi précises que judicieuses, qui devient le guide essentiel et indispensable. M. Zuazo nous a fait l'honneur de reproduire la description purement pittoresque, ou à peu près, que nous avons donnée des ruines. Il n'est que juste de dire que si les notes d'Arthur Engel ont décidé notre première visite. c'est l'étude de M. Zuazo qui nous a poussé, sans beaucoup de peine, à faire la seconde. Nous voudrions que quelques lecteurs trouvassent assez de plaisir à nos souvenirs pour entreprendre à leur tour la promenade.

Les touristes n'ont pas coutume de s'arrêter dans cette région à l'abord rude et inhospitalier qui forme le carrefour des provinces de Murcie, Valence et Albacété, et que sillonnent les arêtes du Mugrón d'Almansa, du Muelen de Carcelén et de la Sierra de Chinchilla. Les routes y sont rares, tout poussière ou tout cloaques, droites, sans un ombrage, les chemins raboteux et ravinés, les champs nus, l'air stérile et

3.

sans arbres, les montagnes irrégulières, cahotantes, hérissées de rocs, pelées et sèches. Les villages (Alpéra en est le type), sont tristes, plats et blafards, d'aspect sévère et pauvre, ayant pour tout refuge une maigre auberge, un café visqueux et enfumé, décoré du nom pompeux de *Casino*.

Cependant, pour qui ne redoute pas les longues marches serpentantes à travers de maigres guérets, ou le cheminement de l'âne qui vous secoue à son pas monotone, c'est un charme de respirer dans ces campagnes découvertes l'air pur et léger dont la transparence avive et précise les détails de la plaine et les lignes harmonieusement rompues des horizons relevés, puis d'accrocher ses pas aux flancs escarpés des chaînes rocheuses, d'errer sur leurs dos aplatis en *mesetas* herbeuses, d'où la vue domine à l'infini, à la recherche des vestiges, qui abondent, des très anciennes civilisations.

Car ce pays, qui semble déshérité aujourd'hui, fut, il y a des siècles et des siècles, très largement peuplé. Au temps de la préhistoire paléo et néolithique, aux temps que l'on est convenu d'appeler de la protohistoire ou, d'un terme commode, aux temps des Ibères, aux temps romains, comme plus tard au temps des Visigoths et des Arabes, les stations rupestres, les fermes, les villages et les villes donnaient à la plaine comme aux monts une vie plus intense dont les restes pittoresques commencent seulement à solliciter toute l'attention qu'ils méritent.

A ce titre Alpéra est un centre d'exceptionnelle importance, dont Méca a fait longtemps, mais ne fait plus seule tout l'attrait. Car avant d'escalader l'acropole, nous devons visiter, à cinq kilomètres environ au nord de la petite ville, au penchant de la haute colline *del Bosque*, l'Abri de la *Vieja* et sa curieuse frise peinte, l'un des monuments les plus précieux aujourd'hui de l'art rupestre en Espagne.

L'histoire de cette découverte toute récente est fort simple. Il faut en faire honneur à un brave homme mort depuis quelques années, mais digne que l'on conserve sa mémoire. D. Pascual Serrano, quand le connut Arthur Engel, quand je devins son ami, était l'humble maître d'école du village de Bonété, non loin d'Alpéra. Pauvre école, sombre, mal outillée, où quelques gamins désordonnés s'escrimaient sur quelques bouquins salis ou de misérables ardoises, où de rares tableaux classiques, déchiquetés, pourris de poussière et de chiures de mouches, luttaient de vétusté avec un chétif crucifix, sous l'œil étonné d'Alphonse XIII enfant, lamentable et trop officielle chromo ! Pauvre maître, mal payé, lorsqu'il était payé, obligé pour soutenir sa pullulante progéniture de joindre à son maigre et irrégulier salaire le maigre profit de quelques rudimentaires médicaments et la

vague représentation d'une compagnie d'assurances !
Pauvre maître que sa classe désolait, parce qu'elle
ne lui donnait pas les ressources nécessaires à sa passion de numismate, à ses explorations d'archéologue !
Pauvre maître toqué, *chiflado*, comme disait le village
amusé et sceptique, râpé, famélique, ruiné par sa
chifladura ! Pauvre maître, mais vraiment né pour
les excursions scientifiques, avide de courses par monts
et par vaux à la chasse des vieux pots, des vieilles
médailles et des vieilles pierres, à la recherche des
ruines inconnues ! Pauvre maître, mais esprit actif
et curieux, avide de science, mais cœur généreux,
excellent ami ! Pauvre maître, mais qui, mieux ins-
truit, mieux placé, mieux soutenu, aurait pu être le
Peyrony de l'Espagne ! Et le meilleur et le plus dévoué
des compagnons et des guides, transfiguré hors de
son école pitoyable, infatigable, gai, beau parleur,
fumeur impénitent, buveur intrépide, connu de tous,
ami de tous, ami des Français et de la France, plus
heureux du petit nœud violet, qui l'avait fait, comme
il disait sur ses cartes de visite, officier de l'Académie
française, que de toutes les *condecoraciones* espagnoles. Pauvre maître, brave et bon D. Pascual !

C'est lui qui, conseillé par le marquis de Cerralbo,
se mit à rechercher les peintures rupestres à travers
les sierras de Chinchilla, et découvrit l'*Abri de la
Vieja*. Avertis à leur tour par le marquis, le maître
de la préhistoire espagnole, notre abbé Breuil, et
D. Juan Cabré rejoignirent le maestro à Alpéra et

relevèrent avec lui, à force d'ingéniosité et de pers-
picacité patiente, les peintures qui devaient devenir
aussitôt non moins fameuses que leurs sœurs arago-
naises de Cogul.

Travail ardu, mais non travail ingrat, travail passionnant même, dans l'espoir de révélations inattendues qui feront progresser l'histoire. Depuis des milliers d'années sans doute les parois concaves du
rocher sont décorées d'étranges figures d'animaux et
d'hommes ; les soleils et les pluies en ont tour à tour
brûlé et lavé la surface rugueuse ; des rognons et des
nœuds de la pierre ont éclaté ou sauté, des excroissances se sont polies, des plans lisses se sont écaillés
ou craquelés ; les troupeaux de moutons, de chèvres
ou de porcs, abrités là contre la chaleur, le vent ou la
pluie, ont au cours des âges élimé et poli le calcaire
crétacé ; les frimas ont délavé les teintes ocreuses, les
chaleurs les ont recuites. Mais à la ténacité subtile de
Breuil, à son œil pénétrant, à l'observation aiguë de
sa science rien n'échappe. Malgré les trous et les
bosses, les usures et les lavages, les traits pour lui res-
sortent et se précisent, les teintes réapparaissent et
s'avivent, les figures incomplètes se reforment dans
leur première vérité certaine, les dessins embrouillés,
superposés, chevauchant, se définissent et se distinguent, et la frise entière renaît dans son ensemble,
merveilleusement nette et lisible. La planche où le
savant l'a transcrite semble façonnée sans hésitation
comme sans effort, et lorsque le profane recherche

le livre à la main, sur l'original usé, décoloré, confus, les éléments que la copie semblerait parfois avoir inventés, il en admire en s'étonnant la parfaite et impeccable rigueur.

Il y a vingt ans, la découverte del Bosque eût été la plus inattendue des surprises; en 1910, elle n'a été que la suite heureuse de découvertes antérieures; elle n'a pas ouvert un nouveau chapitre dans l'histoire de l'art rupestre, mais elle a ajouté une page très instructive à un chapitre déjà fort riche. En effet, c'est en 1903 que Juan Cabré découvrit pour la première fois en Espagne, dans la province de Téruel, au *barranco de Calapata*, des gravures et des peintures, non plus au fond de grottes, comme à Altamira, mais sur des parois rocheuses à l'air libre. Depuis lors de nombreuses stations ont été repérées et étudiées dans ces régions, dans celles de la vallée de *Valrobira*, surtout les stations du *Val del Charco del Agua amarga*, découvertes en 1913.

L'intérêt en est moins dans les innombrables figures d'animaux, dont quelques-unes fort belles, comme les cerfs de la *Roca del Moros* à Calapata, les cerfs et les bouquetins du *Barranco dels Gascons*, les cerfs et le sanglier du *Charco del Agua amarga*, que dans l'apparition de figures humaines, non plus à peu près méconnaissables sous les déguisements et les masques, comme à Altamira ou dans nos grottes périgourdines. mais peintes au naturel, avec leurs costumes et leurs armes, dans leur action de chasseurs ou de guerriers, et dans la représentation de leurs femmes.

Mais c'est surtout la station de *Cogul* qui appela l'attention des préhistoriens. Le peñon de Cogul. situé dans la province de Lérida, à 18 kilomètres de la capitale, et à 5oo mètres du village du même nom, est désormais aussi célèbre que la grotte d'Altamira. La découverte des peintures à bon droit fameuses date de 1907 ; le curé de Cogul, D. Ramón Huguet et ses enfants de chœur en ont l'honneur. Les premiers qui étudièrent les figures au nom de l'*Institut d'Estudis catalans* méritent aussi d'être nommés : ce sont MM. Ceferino Rocafort, Luis Maria Vidal et Julio Soler. Naturellement l'abbé Breuil avec Juan Cabré. qui était alors son collaborateur, reprit cette étude, et précisa les problèmes soulevés avec sa coutumière maîtrise.

L'originale nouveauté de la frise de Cogul se concentre dans un groupe de dix personnages où l'on a voulu reconnaître neuf femmes dansant quelque danse rituelle autour d'un homme. Ne discutons pas si c'est véritablement une scène composée au lieu d'une simple juxtaposition d'images, et s'il s'agit vraiment d'une danse ; mais il faut noter le dessin des silhouettes féminines, la forme de leur tête triangulaire, de leur torse nu aux seins pendants, de leur taille de guêpe, la coupe de leur jupe courte en cloche et la structure filiforme de l'homme, du mâle avantageux dressé au milieu d'elles.

Ces femmes ainsi parées et construites, cet homme dont tout le corps est si mince et pourtant si viril, nous les retrouvons à Alpéra, très loin de Cogul, en nombreux exemplaires. La frise del Bosque compte certainement plus de soixante figures animales, complètes ou non, groupées ou alignées ou simplement semées, de dimensions et de styles très divers, dénotant des mains d'ouvriers différents qui travaillèren^t à plusieurs époques suivant des techniques variables ; elle compte deux figures de femmes et plus de soixante figures d'hommes, la plupart dessinées et peintes au naturel, comme les animaux. quelques-unes réduites à des stylisations naïves ou à des traits schématiques.

Les deux femmes sont, sans nul doute, les sœurs des soi-disant danseuses de Cogul, plus modestes seulement et plus pudiques, car elles montrent moins leurs seins et leurs mollets ; mais elles ont la même longue taille grêle d'insectes et la même croupe opulente gonfle le même large jupon, qui seulement devient ici talaire. Elles sont plus coquettes aussi, à en juger par les anneaux et les franges de leurs coudes et par la triple plume en aigrette dont s'agrémente la tête de l'une d'elles. Des deux belles, l'une porte la main gauche à sa poitrine et la droite vers sa bouche, comme pour un baiser ou tout au moins un geste d'appel familier ; l'autre, qui lui tourne presque le dos, semble présenter sur sa main droite étendue une figurine en tache noire,

peut-être, comme y songe Breuil, « l'idole de quelque
divinité féconde ou tutélaire », ainsi qu'on voit ailleurs Athéné. qu'on excuse le rapprochement. porter
la Victoire.

Quant aux hommes. il faudrait bien du temps à
les décrire tous. Ceux qui sont réduits à quelques
lignes schématiques ne méritent pas qu'on s'y em-
ploie ; les autres se classent sommairement en trois
groupes inégaux en nombre. Les premiers, de très
petite taille, sont nus de la tête aux pieds, mouvementés, de silhouette assez juste. torse. cuisses et
mollets bien galbés, mais sommaires : debout, age-
nouillés ou accroupis, ils courent ou décochent des
flèches : ils semblent. dans des scènes de chasse. des
rabatteurs ou des comparses. Les seconds. de plus
grande taille. sont les frères des chasseurs de Cogul ;
leur poitrine, leur taille et leurs bras s'étirent et
s'allongent démesurément ; leur croupe, au contraire,
et leurs jambes sont charnues et courtes : leur sexe
amplifié se montre très apparent. Ils sont nus. mais
leur tête s'orne de coiffures diverses et bizarres. qui se
dressent ici comme des aigrettes, là comme de larges
oreilles ; quelques-uns portent aux genoux des jarre-
tières à bouts flottants, d'autres semblent avoir des
anneaux aux chevilles. Ce sont presque tous des
archers dont les arcs très minces sont aussi très
allongés. Les troisièmes, au nombre de trois. sont
beaucoup plus grands et aussi beaucoup plus curieux. Les deux principaux sont presque identiques ;

ils sont debout, vus de face, dans la même attitude,
les jambes en grand écart, élevant de la main droite
un groupe de flèches, de la main gauche un arc en
forme d'archet de tourneur. Ils sont absolument nus,
montrant leur sexe exagéré ; leur tête s'empenne de
plumes tombant en arrière, à la Peau-Rouge. Le plus
lisible a le front fuyant, un grand nez aquilin. Ils
sont mal bâtis, tête trop petite dans les épaules
menues, bras grêles, torse trop long, jambes courtes et
trop musclées. Le troisième, armé aussi de l'arc et
des flèches, court à droite, mal bâti de même, superbement ithyphallique. Sa tête par malheur ne se voit
pas très nettement ; elle semble toute petite, ayant
cinq plumes dressées sur le front, trois longues et
deux courtes, et comme un vaste chapeau à grands
bords rejeté sur les épaules. M. Breuil y reconnaît des
danseurs. « Ceux-ci dansent certainement, dit-il,
dans l'attitude des *corroboris* australiens. » Ailleurs
il les appelle des sorciers. Ces identifications nous
semblent un peu en l'air ; nous verrions plus simplement ici trois chasseurs, si l'on veut les chefs de
toute la bande.

Dans la foule des autres personnages deux ou
trois se distinguent, l'un surtout qui grimpe à un
arbre. semblable à un svelte insecte. Autour d'eux les
animaux pullulent, au nombre de soixante-quinze
au moins : trente chèvres ou bouquetins dont huit se
suivent à la queue leu-leu, vingt cerfs, cinq bœufs,
deux chevaux, trois daims, cinq ou sept loups, ou

plutôt des chiens domestiques, peut-être trois oiseaux. Tout ce monde fourmille et grouille, tantôt disséminé, jeté au hasard, tantôt formant des groupes disposés en scène de chasse. Les animaux, mieux observés, plus corrects, sont plus vrais que les hommes, de bien meilleur style artistique. Cependant les hommes, tout informes ou difformes qu'ils soient, et même plusieurs de ceux que la stylisation défigure, sont très vivants, d'attitudes et de mouvements souvent hardis, presque toujours justes, et de préférence très animés.

Mais ces descriptions et ces impressions d'art ne suffisent pas à montrer l'importance de la frise. L'attention des spécialistes va plus loin, et il se pose à eux plus d'un problème. D'abord, nous l'avons dit, toutes ces figures et ces images ne sont pas contemporaines. L'œil exercé arrive à distinguer à des signes certains diverses dates dans l'exécution des peintures. « D'abord pendant une période assez longue, dit l'abbé Breuil, des hommes ont peint sur la roche des figures naturalistes d'animaux et de personnages ; ils ont restauré les figures qui se décoloraient et en ont peint de nouvelles un peu moins artistiques. » Par-dessus ces figures ou à côté d'elles viennent prendre place, à une époque ultérieure, les figures schématiques. Mais quel est l'âge des premières, ainsi que des figures analogues de Cogul ? L'âge du quaternaire supérieur, probablement final, dit encore l'abbé Breuil, et il ajoute : « Si par le caractère artis-

tique et les indications fauniques, les fresques d'Alpéra, comme celles de Cogul, se rapportent au cycle
magdalénien, cependant elles s'en écartent par
l'abondance des représentations humaines. » Ces
représentations humaines elles-mêmes, « par l'usage
de l'arc et même la plupart des attitudes, sont
très semblables aux fresques sud-africaines ».

Il ne faudrait pas cependant, et notre guide s'en
garde prudemment, nous tromper au mot magdalénien. « Cette richesse en figurations humaines,
cette conception du tableau historique, la présence
de l'arc et peut-être du chien sont des éléments irré-
ductibles à notre magdalénien français. » Et il faut
admettre que, « dans l'Est de l'Espagne, il y avait à
l'époque paléolithique supérieure une population également paléolithique, également vouée à la vie des
chasseurs, mais différant sensiblement des peuplades
magdaléniennes françaises et cantabriques, tout
en ayant subi à un haut degré leur influence artistique. »

Nous sommes porté à faire confiance à cette
théorie si sage du maître incontesté de ces études
passionnantes, mais nous n'ignorons pas qu'il n'a
pas convaincu tout le monde, et tout récemment
encore M. Salomon Reinach a écrit : « Pour mon
humble part, je suis très loin d'y voir clair : je ne suis
pas encore convaincu que les dames de Cogul soient
quaternaires ».

Quoi qu'il en soit, et si la question reste ouverte,

paléolithique, néolithique ou plus récente encore, la frise de la Cueva de la Vieja n'est pas un monument banal. Énigmatique encore, ou facile à lire à la lueur de la préhistoire, elle a sa place de choix dans la liste déjà si touffue des peintures rupestres de l'Espagne, non loin des peintures d'Altamira, dont elle n'a pas le haut mérite d'art, tout près et au-dessus peut-être des peintures de Cogul, du Val del Charco del Agua amarga, de la Lagune de la Janda, du Barranco de Valltorta et de Minatéda, les dernières venues. Les visiteurs de Méca auraient bien tort de ne pas se détourner, l'espace d'un matin, pour s'intéresser à ces êtres surprenants, les deux dames aux grands jupons, et les prodigieux chasseurs, danseurs ou sorciers à panaches.

La visite del Bosque est courte et facile ; la promenade à Méca demande plus de loisir et de résistance à la fatigue, mais l'acropole, aux mêmes attraits de mystère joint le charme d'une grandiose poésie. La route est longue ; si les rustiques tartanes secouantes mènent en deux heures à la montagne, par des chemins pierreux et rongés d'ornières, le piéton, qui s'endolorit aux cailloux roulants et innombrables de la plaine monotone, atteint plus lente-

ment le but. Mais le plaisir est grand de voir peu à
peu, sortant du vague horizon, la cordillère préciser
ses sommets, ses promontoires et ses coupures péné-
trantes et dessiner sur le ciel pur en lignes nettes le
tumultueux enchevêtrement de ses rochers clairs que
des trous de grottes par centaines piquent de taches
noires. Méca projette la haute masse de son éperon
en avant de la chaîne; le plateau étroit où sont les
ruines profile longuement sa crête horizontale, qui
doucement se relève à la pointe pour se raccorder en
harmonieuse courbe concave aux labours de la campagne basse.

Mais malgré la suavité des lignes que présente
à l'observateur lointain cette silhouette, l'ascension
devient rude sur les pentes abruptes. Dépassée la
fraîche fontaine, dont les tailles d'approche faites en
plein rocher depuis des temps immémoriaux
prouvent l'importance essentielle, dépassée la grotte
insignifiante, mais fort utile des Français, dont le
nom garde le souvenir de notre ancien bivouac, une
haute paroi se dresse à pic, de rude escalade, qui de
ce côté défendait la ville contre tous les assauts.
Depuis notre premier voyage, un primitif escalier à
pente raide a été ménagé dans le roc, et le passage
est rendu facile.

L'escalier gravi, l'antique civilisation se révèle :
sur la pente même, déjà douce, du plateau dominant,
des milliers de petits tessons ont roulé depuis le faîte,
entraînés par les pluies, gris, jaunes et rouges,

errante poussière des pauvres ou riches vaisselles que
les siècles ont éparpillées. Ces très modestes débris,
les uns tout usés et flétris, simples détritus d'argile
cuite, les autres ornés encore de quelques lignes
peintes, vont être comme l'obsession du visiteur. Les
yeux se baissent invinciblement vers ces humbles fragments multipliés à l'infini ; le pied les dégage et les
pousse d'instinct, la main se baisse pour les ramasser, les retourner, les tâter, et l'on songe à peine que
tout près, au revers d'une corniche, se creuse la
la *Grotte du Roi maure*, la plus célèbre du massif,
car elle est celle qui se voit le mieux et du plus loin,
la *Cueva del Rey moro*, sans intérêt pour l'archéologue, mais observatoire merveilleux pour scruter
l'immense panorama d'Alpéra et de ses cultures.

La pente surmontée, on débouche sur le plateau,
et brusquement les ruines se révèlent en leur vaste
étendue monotone et triste. Ruine, ici, ne signifie pas
écroulement de grands et fastueux édifices, hauts
murs éboulés à demi qu'envahit le parasitisme des
lierres, des buissons et des herbes folles, marbres
tombés, enfouis sous la montée de l'humus, débris
mélancoliques d'une grandeur déchue, riche cité
abandonnée et morte. Mais là furent les habitations
primitives d'une tribu pauvre et sans luxe. Sur toute
la surface nue de Méca pas un monument d'importance dont le moindre tronçon de colonne, le
moindre fragment de corniche, le moindre assemblage de pierres bien équarries évoque l'idée d'un

temple, d'une basilique ou d'un prétoire ; pas un souvenir de portique, de théâtre ou de gymnase, pas une trace d'ample et riche maison. A peine si à l'extrémité du plateau dont nous vîmes de loin se relever la pointe semble-t-il que se dressa jadis quelque construction plus haute et plus vaste. M. Zuazo y a recueilli un grand nombre de petits cubes de mosaïque et il pense que là pouvait s'élever le temple ou sanctuaire de la ville, consacré peut-être, vu la hauteur du site, à un culte solaire. Car « nous croyons, dit-il, que les premiers habitants durent être fortement impressionnés par les magnifiques levers et couchers de l'astre-roi que l'on contemple de ces lieux chaque jour, qui nous émurent nous-même et nous firent songer à la grandeur de Dieu, seul capable de créer des spectacles si sublimes, qui nous annihilent par leur majesté et font voir avec clarté l'infiniment petits que nous sommes devant la puissance infinie de l'Être Suprême. » Aussi enchanté que notre jeune ami du spectacle sublime qui se déroule aux pieds et autour du mont, aussi ébloui des illuminations de l'aurore et des flamboiements du soir par les espaces infinis du ciel, il nous est pourtant malaisé de le suivre en sa hasardeuse hypothèse, et, sur le promontoire comme dans la ville tout entière, nous ne voyons que cases dispersées, modiques constructions carrées aux murs détruits de pierres sèches, sans plan compliqué de salles ni de cours, au bord de rues irrégulières. L'architecture de cette ville étrange fut simple et même primitive ; les logis n'en diffèrent que par la grandeur de la chambre, presque toujours unique, qu'ils comportaient, et c'est à peine si parfois deux pierres droites, plus grosses et moins brutes que celles des murs, marquent encore l'emplacement d'une solide porte. Au centre de cette salle, dont l'enceinte reste d'ordinaire très clairement lisible, se trouvent souvent relevés en monceau les moellons des murs démolis : ces amas sont sans conteste l'œuvre des laboureurs, qui s'efforcèrent pendant des générations de cultiver cette terre ingrate dont l'herbe drue et rase est aujourd'hui la pâture de quelques moutons errants sous la garde d'un rude berger.

Mais ce que les paysans n'ont pu extorquer du sol comme les pierres, c'est la semence pullulante des tessons. L'obsession ici redouble ; les yeux sont ramenés des maisons monotones au fourmillement des *tiestos* aussi nombreux que les grains de sable sur la plage. Que furent ces vases, d'où viennent-ils, quelle fut la cause de leur émiettement infini ? On entend bien que le soc des charrues, en ses allées et venues séculaires, les a sans cesse, inlassablement, tournés et retournés, frottés et refrottés, brisés et rebrisés, dispersés et rassemblés mille fois en une inénarrable confusion. Mais, dans ces maisons qui nous paraissent aujourd'hui si peu confortables, si misérables même, quelle abondance invraisemblable de cruches, d'urnes, de vases et de récipients de toute forme et de toute fabrique, quelle foison de poteries pour mille usages inconnus ! Ou bien cette céramique était-elle si fragile, ou les servantes si insouciantes — déjà ! — que la consommation en fût énorme ? La voirie était-elle si mal faite que les innombrables pots cassés restassent à l'abandon par es rues ?

Ce qui est surprenant, c'est que l'on trouve si peu de cruches brisées dans les citernes que les habitants de Méca avaient prodiguées à travers leur ville. Quelques visiteurs en ont largement exagéré le nombre. Le chanoine Lozano en signale trois cents, Ceán Bermúdez, plus modeste, n'en a compté que quarante ; mais le chiffre doit certainement être encore réduit. Toutes sont taillées carrément dans le roc : la plus grande a 26 m. 50 de longueur, 5 mètres de large ; elle est aux trois quarts comblée, mais M. Zuazo a pu pousser un sondage jusqu'à 14 mètres de profondeur. Une autre est longue de 15 mètres, large de 3, et la surface des terres qui l'encombrent est encore à 4 mètres du niveau du sol. Celles-là étaient sans doute des réservoirs publics ; il y en avait de particuliers, comme celui, pris au hasard, dont voici les dimensions : 3 m. 10 de long, 1 m. 50 de large, 2 mètres de creux au-dessus du remplissage. N'y aurait-il pas intérêt à en déblayer quelques-unes ? Le travail, long et coûteux sans doute, et pénible, n'aurait-il pas sa récompense ?

L'acropole altière et sourcilleuse avait peu besoin

de défenses ; la coupure verticale des rochers la rend inexpugnable au nord, au levant et au couchant, et au midi, sauf en un point où la plateforme s'unit par un isthme étroit aux autres crêtes de la sierra. Là fut dressé sur une roche taillée en puissante base carrée un bastion de grosses pierres cubiques, dominant le passage, veillant aux surprises, et capable de résister à tous les assauts ; quelques assises encore debout attestent l'importance et la force de l'ouvrage. Au nord-est seulement, face à la plaine d'Alpéra, le plateau pouvait être vulnérable : plus de parois de rochers à pic, mais une déclivité concave, abordable quoique escarpée. Une très épaisse muraille fut construite là pour parer aux dangers. Presque rasée maintenant, elle est pourtant très lisible et soutient un large chemin de ronde ; elle butte à la pointe nord contre un gros rocher creusé d'une grotte qui fait une guette admirable, à l'abri du vent tumultueux et des orages qui souvent se déchaînent en furie, arrêtés par la masse de la montagne, accrochés aux crêtes dentelées et dont nous eûmes une nuit le spectacle grondant, formidable et splendide.

Par cette défaillance du plateau était le seul accès à la ville haute ; un chemin praticable aux chars montait en lacets depuis la fontaine jusqu'au plateau découvert de la *mesa*. Il pénétrait dans la cité par une porte aujourd'hui disparue, et pour assurer aux véhicules une pente régulière, se creusait un passage profond dans la roche vive. Ce chemin, ce *camino hondo*,

est aujourd'hui la plus grande curiosité de Méca ;
aucun visiteur n'a manqué de le parcourir et de le
décrire. Présentement obstrué de terre où des buissons,
des pins et des sabines jettent de verdoyants barrages,
il s'enfonce en tournant sur une longueur de plus de
200 mètres dans une tranchée dont les parois ver-
ticales montent de 4 à 5 mètres. Les profondes
ornières, bien visibles par places, montrent que la
circulation des chars y fut longue et fréquente et rendent plus sensibles l'importance de la forteresse et sa
condamnation au morne abandon éternel.

Ces maisons, ces citernes, cette muraille, ce chemin
creux, qui les édifia, qui les habita, qui les tailla ? Qui
s'en servit ? Quand le site fut-il déserté ? Telles sont
les questions qui sollicitent invinciblement l'archéologue, irrité de n'y trouver que des réponses incer-
taines.

Méca est un nom arabe. La principale des grottes,
nous l'avons dit, est baptisée *Cueva del Rey moro*.
Cependant rien d'arabe ne subsiste ni sur le plateau
ni sur les pentes. Nous avons écrit jadis que nous y
avions ramassé quelques tessons de poterie mauresque, mais nous avions été trompé à première vue
par l'aspect incertain de ces fragments et nous nous
rétractons. M. Zuazo de son côté, malgré de minu-
tieuses recherches, n'a rien retrouvé de tel. Le site fut
certainement dépeuplé avant l'invasion musulmane.
Le nom des ruines d'ailleurs ne signifie rien, non plus
que celui de la grotte. Il est constant que les Espagnols

voient partout, sans bonnes raisons, le souvenir des
Maures. Ici comme ailleurs l'imagination populaire a
travaillé ; le mot Méca n'a pas plus de valeur de
témoignage que la légende qui nous fut narrée d'un
vieux Marocain venu exprès pour visiter l'acropole,
s'y promenant longtemps, un grimoire à la main, comme s'il vérifiait sur place quelque description ou quelque récit. Ailleurs encore on nous a raconté semblables
histoires, et il y a eu plus d'un dernier Abencérage.

Serait-ce donc que la ville fut détruite au moment
de la conquête ? Mais on n'y trouve pas plus de traces de civilisation chrétienne que de civilisation
mahométane. Faut-il remonter aux Romains ? M. Zuazo y a recueilli une multitude de cubes de mosaïque
et de nombreuses monnaies romaines, ce qui semblerait probant. Mais ces cubes proviennent d'un seul
point, celui où fut selon lui un temple, et l'existence
peu certaine d'un édifice qui aurait emprunté quelque élément à la décoration romaine ne suffit pas à
prouver l'existence d'une cité romaine. Quant aux
monnaies, leur témoignage est rarement infaillible,
car elles voyagent et peuvent se perdre et se retrouver en tous lieux ; elles ne démontrent pas, à elles
seules, que Méca fut peuplée de Romains. D'autre
part, il est certain que les fragments de vases à reliefs
dits en Espagne *barro saguntino* se rencontrent dans
les ruines ; mais ils sont très clairsemés parmi des
milliers de tessons non romains. Les vases, comme
les monnaies, voyagent et se transportent aisément ;

ne voyons-nous pas dans le midi de la France, quand viennent les jours brûlants de l'été, des paysans venus des rives andalouses du Genil promener par nos rues populeuses de pacifiques *caballerias* à longues oreilles que charge un grand filet gonflé de *jarros* et de *cántaros* du plus beau rouge, cruches poreuses et rafraîchissantes, dont les éclats donneront peut-être quelque jour bien du mal aux historiens de la céramique française ! Donc les quelques débris sagontins de Méca ne suffisent pas à affirmer que la ville fut romaine, ni habitée par des Romains.

Encore s'il subsistait quelque inscription latine ! Lozano prétend, dans une phrase d'ailleurs obscure, qu'on y en a trouvé *una ó otra*. Mais il est seul à noter ce détail, qui serait si important s'il était plus sûr. Ni M. Engel, ni M. Zuazo, ni nous-même n'avons vu ni entendu parler ni de ces pierres ni d'autres.

M. Zuazo a ouvert quelques tombes dans une nécropole qu'il situe à 3 kilomètres de Méca, dans la plaine. C'est, dit-il, le cimetière romain de la ville. Les tombeaux en sont répandus sur une extension de deux hectares ; ils sont formés de six grandes tuiles en argile rouge, dont l'une servait de couvercle. L'explorateur a recueilli là, avec de nombreuses monnaies consulaires, plusieurs vases romains et « trois fragments de plaques en marbre de Játiva avec inscriptions romaines », inscriptions qu'il n'a pas publiées, comme trop rudimentaires sans doute. Ce fait est important, mais il perd de sa valeur si l'on songe que cette nécro-

pole est bien éloignée de Méca pour que l'on puisse
affirmer qu'elle dépendait de la ville. Ce serait une
bien rare exception, que les habitants d'une ville de
montagne fussent allés si loin enterrer leurs morts
dans la plaine. D'autant que M. Zuazo signale à deux
pas des sépultures, à *las Paredejas*, de curieuses ruines romaines et les restes d'une chaussée romaine,
et il est bien plus naturel de rattacher le cimetière à
cette agglomération. D'autre part, M. Zuazo attribue
à l'industrie romaine les cinq ou six vases intacts
dont il nous donne l'image. Mais nous croyons qu'il
fait erreur, et pour nous cette poterie est certainement
indigène ; aucun spécialiste ne s'y peut tromper.
Ainsi, jusqu'à plus ample informé il faut croire que
si Méca eut quelques relations avec les Romains de
la plaine, elle ne les reçut pas comme habitants dans
son enceinte.

Il y a plus, M. Zuazo a insisté sur ce point que
toutes les monnaies romaines qu'il a trouvées à Méca
sont des monnaies consulaires, dont la plus récente,
de la gens Fulvia, date de l'an 108 ; pas une monnaie
impériale. Si bien qu'il faut se méfier une fois de plus
de Lozano lorsqu'il prétend qu'il a eu en mains, de
cette provenance, une pièce de Commode et une de
Licinius. Il est difficile de ne point conclure que, pour
des raisons jusqu'ici mystérieuses, la cité fut dépeuplée
au début du premier siècle.

Ni arabe, ni chrétienne, ni romaine, il ne reste que
deux hypothèses : Méca fut, à l'origine tout au moins,

une station néolithique, ou fut une ville ibérique. La première s'écarte d'elle-même. Pas le moindre objet préhistorique ne s'est rencontré jusqu'ici dans les ruines, et il est inutile d'insister sur le peu d'importance de quelques vagues signes peints à l'ocre dans une petite grotte située au-dessus de la Cueva del Rey Moro.

En revanche ces pauvres débris de vases, ces milliers de tessons qui craquent misérablement sous le pied du promeneur, et dont le foisonnement obsède, nous parlent comme les plus véridiques et les plus instructifs des témoins : ils sont tous, à part quelques intrus sagontins, de pure fabrication ibérique.

Nul ne peut aujourd'hui s'y méprendre : ces débris de vases en argile jaune pâle, rose ou grise, irrégulièrement durcis et colorés par la chaleur du four, lisses ou ornés au pinceau de lignes droites ou ondulées en séries, de bandes circulaires, de cercles ou de demi-cercles concentriques, de quarts de cercles concentriques et disposés en séries de coins, d'S se poursuivant en rondes élégantes, de volutes, de rinceaux, de feuillages sommairement stylisés, dont nous avons pu récolter une ample collection |au moment où ·nul encore ne s'occupait de la céramique de l'Espagne primitive, tous ces tessons si humbles mais si parlants sont signés de potiers indigènes et nous disent la race et la civilisation de ceux qui les possédèrent. Grâce à leur nette déposition, nous ne risquons pas de nous tromper en affirmant que sur le plateau vertigineux

ne vécurent jamais que des Bastitans, peuple ibère,
obstinés dans leur solitude montagneuse.

C'était sans doute une tribu de pasteurs, descendants de ceux qui illustrèrent l'abri d'en face, les
peintres de la frise del Bosque. Ils tranchaient hardiment leur roc, pour y ouvrir des chemins, tailler
des escaliers, creuser des citernes ; mais sur le plateau
sauvage nulle trace d'architecture savante ni même
habile ; leurs maisons étaient basses et simples. S'ils
avaient des édifices religieux ou civils, ceux-ci ne
différaient guère de leurs maisons, et l'on en cher-
cherait en vain les vestiges plus amples et plus riches.
L'enceinte de leur ville, où elle était utile, est une
muraille sommaire de pierres assez mal assemblées.
Nulle part aucun sacrifice à un art même rudimentaire. Seule aujourd'hui l'industrie céramique donne
quelque lustre à ces barbares. Encore faudrait-il prouver que leurs vases furent façonnés sur place et par
eux. Un tesson porte quelques lettres ibériques ; deux
ou trois autres une esquisse de figure animale ou
humaine : ce ne sont pas des preuves suffisantes
qu'ils savaient écrire et lire ou se plaisaient aux imitations de la figure vivante. Quelques récipients com-
plets ont été trouvés par Pascual Serrano dans la
prétendue nécropole romaine (on peut les voir au
Musée du Louvre), par exemple une œnochoé, un
askos, formes inspirées du grec, un petit bol, des
récipients semblables à des pots de fleurs à rebord,
dont les flancs sont ornés de rinceaux assez savants

et d'ingénieuse élégance. Mais furent-ils trouvés dans les tombes d'habitants de Méca, et suffisent-ils à prouver que ceux-ci furent des gens de goût un peu raffiné, sensibles aux formes pures et aux riches décorations ? D'ailleurs, quelle distance de ce décor un peu lourd et trop uniformément géométrique aux fioritures capricieuses de la poterie d'Elché ou d'Archéna, aux complications savantes et surchargées de la céramique aragonaise, aux stylisations fantastiques et folles de Numance !

Certainement nous venons de parcourir un coin perdu d'une pauvre province où la civilisation n'a que difficilement pénétré, d'où elle a brusquement disparu au moment où Rome allait répandre sur toute l'Espagne soumise les fruits de sa force et de son opulence. Même, lorsque avant de quitter le mont que doraient pâlement les dernières clartés d'un beau soir d'hiver, assis à la pointe dominante d'un roc, nous jetions un regard de regret sur les ruines du plateau désert, nous nous demandions si nous n'étions pas le jouet d'une illusion. Était-ce bien là une ville populeuse où durant de longs siècles des familles sœurs ont habité, travaillé, aimé, souffert sur le sol héréditaire, en relations de société et de commerce avec des cités voisines, près de leurs morts, près de leurs dieux ? Ailleurs, dans d'autres provinces, au sommet d'autres montagnes sauvages, nous vîmes d'autres enceintes aussi vastes, aussi bien défendues par la nature ou le travail de tribus rustiques, mais

où la vie sociale n'a fait évidemment que se poser
par intervalles. Ce furent non pas des cités perma-
nentes, mais des refuges contre les incursions des
voisines peuplades guerrières et pillardes, les invasions des étrangers lointains. M. Zuazo y a songé, et
nous aussi nous imaginions, transporté dans
des temps très anciens et très barbares, des fumées
de fermes embrasées obscurcissant les horizons de
la plaine, des échos de hurlements de guerre résonant
aux rocs sonores, tandis que par le chemin creux,
tumultueuse théorie, les paysans affolés se pressaient
vers l'enceinte tutélaire. Les hommes poussaient les
troupeaux hagards et harcelaient de cris et d'aiguil-
lons les chariots grinçants où s'entassaient les femmes
et les enfants avec leurs hardes et leurs nécessaires
pots d'argile. Ils fuyaient éperdus le brusque péril
d'une horde dévorante et s'enfermaient à l'abri dans
la provisoire forteresse, défiant de haut l'ennemi déçu.
Dans les modestes bâtisses ils se logeaient en sécurité,
logeaient leurs moutons et leurs bœufs ; l'herbe
épaisse nourrissait les bêtes, l'eau des citernes pré-
voyantes abreuvait toutes les soifs, jusqu'au jour de
la descente rassurée vers les gras labours dévastés.
Un jour l'Ibérie n'a plus connu ces dangers ; la paix
romaine a supprimé ces alertes ; seuls les pâtres
errants ont connu et connaissent encore le chemin
du refuge inutile. La nuit de l'oubli est tombée pour
toujours sur ce qui ne fut jamais qu'un semblant
de ville, comme tombe lentement le soir sur la soli-

tude des ruines qui s'effacent dans l'ombre envahissante. L'antiquaire ému de tout ce mystère, de toute cette beauté de la nature immuable, de toute la fragilité des générations qui passent, s'éloigne à regret, butant encore aux poteries éparpillées, tandis que dans le grand silence une perdrix rappelle éperdument...

———

BIBLIOGRAPHIE. — ALPÉRA. — Abbé Henri BREUIL, Pascua SERRANO GÓMEZ, Juan CABRÉ AGUILÓ, *Les abris del Bosque à Alpera* (*L'Anthropologie*, 1912, p. 529 et s.). — H. BREUIL, *Nouvelles Roches peintes de la région d'Alpera* (*L'Anthropologie*, 1915, p. 332 et s.). — Juan CABRÉ AGUILÓ, *El arte rupestre en España*, p. 187.

MÉCA. — Juan LOZANO, *Batistania y Contestania del Reino de Murcia*, 1794. — CEÁN BERMÚDEZ, *Sumario de las Antigüedades que hay en España* (1832), pp. 45, 70, 91. — Pascual MADOZ, *Diccionario geográfico-estadístico-histórico de España*, XI, p. 328. — Arthur ENGEL, *Mission archéologique en Espagne* (1891), dans *Nouvelles Archives des Missions scientifiques et littéraires*, III (1892). — Pierre PARIS, *Essai sur l'Art et l'Industrie de l'Espagne primitive*, II, p. 7 et s. — Julián ZUAZO Y PALACIOS, *Meca*, Madrid, 1916.

III

EMPORION

III

EMPORION

Ulysse, dit la Fable, entrevit l'Ibérie, terre des
métaux précieux et des fruits d'or ; mais Calypso ne
put le retenir qu'un temps dans son île enchantée :
saturé de plaisir, tourmenté par le souvenir intermit-
tent de Pénélope, il s'enfuit. Le samien Colæos, hardi
navigateur historique, poussé par le vent d'est à travers les mers occidentales jusqu'au delà des Colonnes
d'Hercule, aborda au pays encore inconnu de Tartes-
sos. Il revint, son vaisseau creux plein à couler de
richesses nouvelles dont il tira un gain de six talents.
La route était ouverte, et presqu'aussitôt, entre 620 et
600, les Phocéens, armés pour les longues courses et
les batailles navales, prirent pied à leur tour sur cet
Eldorado merveilleux, hôtes choyés du roi-patriarche
Arganthonios, le premier philhellène. Mais pris de
nostalgie, comme Ulysse, et rêvant « au jour du
retour », ils refusèrent l'établissement durable et for-

tuné offert à leur amitié pour eux et pour leurs frères d'Orient. Du moins ils acceptèrent l'argent nécessaire à reconstruire de fortes murailles autour de leur ville lointaine menacée par les Mèdes.

Aucune colonie, aucun comptoir ne garda leur souvenir aux rivages de l'Océan, où sans doute ceux de Tharsis n'eussent point toléré cette atteinte à leur privilège commercial ; mais aux bords plus libres de la Méditerranée, Mainaké, Abdéra, l'Héméroscopion, promontoires menaçants ou rades sûres, opulentes ou modestes factoreries, marquèrent les premiers points de contact et de pénétration de l'Orient avec l'extrême Occident.

On a cru longtemps, sur la foi de Strabon, que les trois stations étaient les filles de Marseille ; l'histoire est maintenant presque certaine qu'elles sont des fondations directes, plus anciennes, de la métropole phocéenne. Même il y a des preuves à peu près sûres qu'à un moment difficile à préciser, mais qui n'est pas antérieur à la seconde moitié du sixième siècle, les Phocéens dépassèrent le Jucar, limite des Tartessiens, et remontèrent jusqu'aux contreforts des Pyrénées. Ils mirent les premiers le pied sur les rivages des Indicètes, à l'entrée du golfe que nous appelons de Rosas, où fut un peu plus tard Emporion. Quand Pithéas remontait les côtes ligures et gagnait les lieux de rêve où l'attendait l'amour avec la royauté, depuis des ans déjà ses aînés avaient quitté l'Ibérie lointaine aux fabuleux métaux, laissant les quatre témoins de leurs périples aventureux.

Ceci n'est point pour diminuer la gloire de Marseille ; les compagnons de Pithéas ne s'endormirent point dans les délices de la douce patrie nouvelle, mais suivant le cours de leur cabotage avantageux au long du golfe ligure, jusqu'au delà des caps pyrénéens, ils rejoignirent le royaume tartessien ; les quatre comptoirs reçurent une vie plus active et plus féconde, et c'est assurément à Marseille qu'ils durent, sinon leur naissance, du moins leur prospérité.

Mais la vraie colonie de Marseille en terre d'Espagne, celle qui fut vraiment sa fille, partagea longtemps sa fortune et brilla du reflet de sa richesse, c'est l'Emporion, *le Comptoir*, le comptoir par excellence, qu'elle a projeté d'un coup audacieux, comme une sentinelle avancée de son commerce, au seuil même de l'Ibérie découverte.

Mainaké, Abdéra, l'Héméroscopion ont péri dans quelque cataclysme de la nature ou de la guerre, ou disparu sous l'usure du temps sans laisser de traces apparentes ; ce sera la tâche ardue, mais bien attrayante des archéologues d'en fixer sûrement et d'en retrouver la place oubliée, d'en exhumer les ruines enfouies on ne sait où. Emporion est morte aussi, et de siècle en siècle s'est étendu plus loin le suaire de plus en plus épais de ses sables funéraires. Mais sa grandeur de ville d'affaires, son importance de station et port militaire, de capitale de région frontière et de colonie romaine, la préservant de l'oubli, en ont sans cesse signalé et recommandé les ruines à la piété des générations successives, à l'attention des historiens, à l'enquête des archéologues, disons aussi, à l'avidité vandale des chercheurs de trésors.

Et voici maintenant que ses ruines, méthodiquement explorées et fouillées, étudiées et décrites, conservées avec un soin auquel on rend hommage, sont devenues avec le Cerro de los Santos, avec Numance, avec Mérida, un des lieux saints de l'Espagne antique. Comme à Elché ou au Cerro a revécu l'art des Tartessiens vivifié au contact de l'Orient et de la Grèce, comme l'humble Numance incarne l'héroïsme indomptable des peuples qui vivent libres ou meurent, comme Mérida rayonne de la splendide grandeur de Rome toute-puissante, Emporion éveille en un rude pays de tribus à demi sauvages un rêve de beauté et d'harmonie. Emporion, c'est la Grèce même s'implantant en pleine barbarie occidentale avec ses mœurs polies, ses industries raffinées et ses arts glorieux ; c'est l'Ibérie s'illuminant des reflets radieux de l'Hellas.

Ionie, Phocée, Massilia, Hellas, noms magiques, évocateurs de lumière et de soleil, d'acropoles sourcilleuses ceintes de nobles murailles et couronnées des frontons éblouissants des temples, de villes de marbre peuplées de statues divines ! Hélas ! Imaginations trompeuses, rêves déçus ! Emporion s'est dévoilée à nos yeux déconcertés comme un modeste petit port, œuvre de colons plus occupés de commerce que d'art. Avant-courrière de la civilisation hellénique en une contrée presque sauvage, elle eut trop de précautions à prendre pour sa sûreté, pour son négoce, et ne put s'abandonner que par instants à ses instincts natifs de vie douce, ornée et policée à l'ionienne.

Et ces traits exceptionnels, dont les fouilles nous ont apporté le témoignage infaillible, s'expliquent à merveille par la création même, les conditions d'existence et l'histoire de la colonie.

Ce n'était pas un rivage quelconque où abordèrent les caboteurs de Massilia. Du cap de Cerbères à l'embouchure du rio Ter la côte de l'Ampourdan se découpe en baies rocheuses, en promontoires abrupts que bat souvent un flot tumultueux. Le Cap Creus y projette ses éperons menaçants, le cap Mongo, la Costa Brava leurs falaises à pic, creusées de criques et de grottes de mystère ; les petits fleuves y cherchent malaisément leurs issues changeantes, et sans le croissant mollement arrondi du golfe de Rosas, où pourtant la plage sablonneuse se hérisse trop souvent d'écueils dangereux, la terre s'affirmerait inabordable et rébarbative. Mais le golfe ouvre aux marins son refuge hospitalier.

La vaste conque profonde accueille depuis des siècles les marins en péril, et les Instructions Nautiques y marquent le salut contre tous les vents. « Si l'on est surpris dans le golfe du Lion ou désemparé de la côte de Provence par un coup de vent du nord, on cherchera, disent-elles, à rallier la côte de Catalogne et à défaut le sud de Minorque où le mouillage de Port-Mahon s'offre en cas d'avaries. Si l'on vient de l'ouest avec beau temps clair, vent du nord modéré, on ralliera la côte de Provence ; avec mauvais temps ou vent trop frais, ainsi qu'avec temps douteux, on ralliera la côte de Catalogne et au besoin le mouillage de Rosas. » Aussi c'est merveille, aux matins apaisés des nuits de tempête, quand a soufflé en fureur le redoutable vent du nord, le Circius, de voir se balancer au ras de l'immense rade encore frémissante, comme un essaim de grands oiseaux marins, la flotte des vapeurs et des voiliers qui, fuyant les dangers du golfe du Lion, s'étaient posés à l'abri des caps tutélaires, et, dès le point du jour, séchant leurs grandes ailes aux premiers feux de l'aurore, s'égaillent un à un vers la grande houle du large.

De tels avantages ne pouvaient échapper aux habiles nautonniers de Marseille plus qu'aux précurseurs : rade protectrice et attirante aux confins du pays ligure, première escale au delà des caps pyrénéens, inévitable aux caboteurs autant qu'utile aux marins de haute mer, station paisible au bord d'une plaine fertile, aisément défendue par une ceinture de grands monts prolongés au sud en hautes collines, où pouvait-on mieux s'implanter dans cette Ibérie si nouvelle et si convoitée pour y tenter la fortune du commerce ? Le choix s'imposait à leur décision à la fois hardie et prudente.

Mais il y avait loin des Indicètes à demi sauvages aux Tartessiens policés, des rudes tribus des Ibéro-ligures mi-montagnards et mi-écumeurs de plages sans doute, farouches et soupçonneux, aux pacifiques, aux accueillants sujets d'Arganthonios. « Là, dit Festus Avienus, interprétant un vieux périple grec, s'étend l'âpre pays des Indicètes, peuple farouche, vivant de chasse en ses halliers. » Comment, par quelles tentations de cadeaux brillants, par quelle séduction d'éloquence le Grec subtil imposa-t-il son voisinage à l'indigène brutal ?

Il n'en obtint du moins qu'un îlot rocheux, abrupt et dénudé, sans terre et presque sans plage, et la *Palaeopolis*, la Ville vieille (c'est le nom qu'elle conserva à travers les âges) se présente à nous comme un humble repère battu des flots. Aujourd'hui l'île est devenue presqu'île par l'apport séculaire des alluvions du rio Fluvia et des sables roulés du fond marin qu'arrêta peut-être et fixa la masse artificielle de quelque chaussée depuis longtemps enfouie. La mer s'est lentement retirée, sauf en quelques points extrêmes du nord-est, des rochers à pic qui la bordaient. San Martin de Ampurias, au nom sonore, évocateur de gloire, n'est qu'un pauvre hameau moribond dont les maisons lézardées et silencieuses se raréfient et se dépeuplent dans une enceinte trop large, au pied d'un *castillo* en ruines, autour d'une église déchue de son haut rang de cathédrale. La silhouette pourtant s'en découpe puissante et fière encore sur le golfe, et par delà la mer sur le grandiose horizon des Pyrénées neigeuses ; le cube massif et sombre de l'église crénelée qui la couronne lourdement proteste contre l'odieuse caserne blanche des ingénieurs des dunes, qui depuis plusieurs années enlaidit et déshonore de sa tache criarde la vieille harmonie de l'îlot sacré.

De même que le détroit isolateur s'est changé en isthme cultivé, la crique arrondie où les Indicètes permirent aux colons d'abriter leurs précieuses pentécontères s'est comblée au point de laisser à peine deviner sa courbe pure, et la chaussée de pierrailles presque toujours déserte qui conduit au village chemine ici parmi le moutonnement des sables, et là parmi de plates surfaces herbeuses.

Au point culminant du village, sous l'antique église aux vigoureux contreforts, sous les vieilles maisons abritées à son ombre, dorment encore les premiers, les plus anciens souvenirs de l'héroïque et presque fabuleux Comptoir. C'est là que notre imagination et nos désirs vont chercher les restes du sanctuaire où les colons d'Orient dressèrent la statue d'Artémis éphésienne. compagne et protectrice de leurs explorations téméraires, là que nous voudrions que l'on portât la pioche dans les couches profondes où reposent peut-être les débris de l'idole vénérée, avec les fondations des demeures et des magasins primitifs,

et parmi les restes d'archaïques mobiliers, quelques
échantillons curieux du séduisant colportage. Quand
parfois un heureux hasard fait jaillir du sol quelques
vieux tessons d'argile, ce sont des débris de vases à
figures noires, qui nous ramènent à la fin du sixième
siècle, et c'est la même céramique qui s'exhume des
plus vieilles tombes où les premiers occupants ont
dormi leur dernier sommeil au bord des flots hospitaliers.

Mais les vivants ont des droits qui s'opposent aux
vœux des archéologues : on ne peut justement expul-
ser ni même exproprier les misérables habitants de
San Martin, ni détruire jusqu'en ses fondements
l'antique église ; toute fouille reste impossible jusqu'à
ce que le dernier descendant des colons ioniens ait
déserté le rocher ancestral.

Par bonheur pour l'historien et l'antiquaire les
commerçants qui faisaient de bonnes affaires étouf-
fèrent bientôt dans leur réduit insulaire, et par séduction et diplomatie persuasive se firent concéder le
droit de s'établir sur le rivage du continent. Il nous
semble les voir, sans paraître songer à mal, planter
sur le sable, autour de leurs navires halés, des tentes
légères et de modestes baraquements, prendre un pied
innocemment, puis peu à peu, insinuants et hardis,
en prendre deux, déposer leur pacotille dans de solides magasins, enfin s'installer si bien à demeure qu'il
devenait impossible de chasser ces hôtes si aimables
et si utiles. La nécessité d'une muraille protectrice

s'imposa bientôt, et la *Ville-Nouvelle* s'enferma dans sa forte enceinte de 400 pas, tandis que la *Vieille-Ville* s'endormait et végétait autour du temple de la déesse nationale. Rien, que l'usure des siècles, ne pouvait désormais détruire Emporion.

C'est au milieu du cinquième siècle que la colonie s'est enracinée sur la terre ferme, entrant dans l'ère d'une prospérité nouvelle. La céramique nous donne encore ici son témoignage formel : les plus anciens tessons ramassés au pied des murs ou dans l'enceinte de la ville nouvelle ne sont pas antérieurs au début de cette période.

Dès lors l'histoire d'Emporion est assez bien connue ; elle est fort originale et peut-être unique en son genre, jusqu'à la conquête romaine, bien que le pédantisme allemand ait failli l'obscurcir. Un texte de Strabon, un texte de Tite-Live sont les deux sources limpides que toutes les arguties ne suffisent pas à troubler. On ne peut manquer de les citer.

« Les Emporitains, dit Strabon (II, 8), habitaient d'abord une petite île près de la côte, on l'appelait la *Vieille-Ville*. Maintenant ils habitent sur le continent. Emporion est une ville double, divisée par un mur ; elle eut d'abord à ses côtés un groupe d'Indicètes qui, tout en gardant leur vie propre, voulurent avoir avec les Grecs une enceinte commune en vue de leur sécurité. Plus tard les deux villes se fondirent, l'administration des barbares se mêlant à celle des Grecs, ce qui du reste se produisit en bien d'autres lieux. » D'autre part Tite-Live nous apprend que « lorsque Caton, parti de Luna pour se rendre en Espagne, arriva à Emporiae (*sic*), Emporiae était déjà composée de deux villes *oppida* séparées par un mur. L'une était habitée par des Grecs de Phocée, d'où les Marseillais étaient aussi originaires, l'autre par des Espagnols. La ville grecque, au bord de la mer, avait une enceinte murée de moins de 400 pas : l'espagnole était en arrière, et le circuit de sa muraille mesurait 3.000 pas. Une troisième population, des colons romains, y fut jointe par le divin César après la défaite des fils de Pompée. Maintenant tous sont confondus en un seul corps : les Espagnols les premiers, puis les Grecs reçurent le droit de citoyens romains. »

Le géographe et l'historien sont d'accord ; il n'y a pas lieu de torturer les mots et les phrases, comme l'ont fait Schulten et Frickenhaus, ni de substituer à des faits très nettement exprimés de plus ou moins ingénieuses hypothèses. Par exemple, nous ne voyons pas comment on peut en arriver à affirmer que la ville espagnole n'a pris naissance qu'assez longtemps après que les Grecs eurent pris possession du continent. Si Indica n'avait pas existé au moment même où débarquèrent les premiers colons, pourquoi ceux-ci se seraient-ils astreints à vivre à l'étroit sur l'îlot ? D'ailleurs, argument péremptoire, on a trouvé dans les fouilles des instruments néolithiques, et par conséquent l'établissement d'une peuplade indigène en ce lieu se perd dans la nuit des temps. Voisins, plus que voisins, mitoyens et partant forcés, quoiqu'ils en eussent, de se tolérer mutuellement, mais d'autre part étrangers, divers de mœurs, hostiles par essence, ils durent se faire des concessions mutuelles et trouver des accommodements. De là cette double enceinte qui les isolait quand ils voulaient, sans supprimer les relations journalières d'une vie juxtaposée, et pouvait les unir aussi pour les sauver, à l'occasion, des incursions dangereuses auxquelles les tribus d'alentour les exposaient trop souvent.

Mais là encore le temps fit son œuvre. La porte qui donnait passage de la ville grecque à l'espagnole fut dès le début gardée avec le même soin que celle qui donnait sur la montagne; les Grecs, qui interdisaient systématiquement à tout Espagnol l'entrée d'Emporion, n'en sortaient par prudence qu'en nombre, et, semble-t-il, suivant un roulement régulier; longtemps on s'astreignit à cette rigoureuse discipline ; mais, en dépit des sentinelles, plus d'un Grec, plus d'un Indicète sautait le mur. Le commerce est un puissant facteur de relations et d'amitié : « Les Espagnols, dit Tite-Live, ignorants de la mer, aimaient à commercer avec les Grecs, et les Grecs eux-mêmes voulaient leur vendre les denrées étrangères qu'ils apportaient dans leurs vaisseaux et leur acheter les fruits de leurs champs. Ce besoin d'échanges fit que la ville espa-

gnole s'ouvrit aux Grecs. » Elle s'ouvrit si bien que
la fameuse muraille tomba un jour, et que l'on n'a
plus trouvé trace de la porte si bien gardée. La fusion
définitive était faite ; une fois de plus le souple génie
des Hellènes avait vaincu la rudesse des barbares et
su trouver les combinaisons de lois et de règlements
qui assurèrent la bonne harmonie des deux races
confondues.

Ainsi la double ville unifiée et prospère poursuivit
sa vie laborieuse d'agriculture et de négoce, les Indicètes récoltant les produits de leurs champs, coupant
et tissant le lin et le sparte renommés de leur territoire
que le cabotage des Grecs allait échanger dans les ports
lointains ou proches contre l'infinie variété des mar-
chandises rémunératrices.

Rien ne confirme mieux ces témoignages et ces
hypothèses que la numismatique emporitaine. Les
monnaies grecques, ibériques autonomes et ibérico-
romaines de cette ville sont certainement les plus
curieuses de l'Espagne antique. D'abord, il semble
bien prouvé que c'est par la colonie marseillaise que
s'introduisit dans la Péninsule l'usage de la monnaie.
Les pièces les plus antiques que l'on y ait trouvées,
des divisions de la drachme, l'ont été justement dans
la région d'Ampurias, et ce sont très probablement
des pièces emporitaines, à la face archaïque, au revers
incus ; quelques-unes, que l'on rapporte à la seconde
moitié du cinquième siècle, portent une ou deux lettres
rétrogrades qui sont les premières du nom d'Empo-

rion. Bientôt, au commencement du quatrième siècle, apparaît sur des monnaies plus grandes et bien frappées, sur des drachmes d'argent, la légende ΕΜΠΟ-ΠΙΤΩΝ en caractères plus ou moins purs. Le style en est parfois assez médiocre, comme si elles avaient été fabriquées sur place par des ouvriers inexpérimentés ; mais parfois aussi elles sont nettes et vraiment belles. Le droit porte une tête de femme où l'on est en droit de reconnaître Artémis, bien qu'elle ressemble à l'Aréthuse des monnaies syracusaines et soit entourée comme elle de dauphins ; au revers, on voit quelquefois un cheval au repos au-dessus duquel vole une Victoire, type emprunté aux monnaies carthaginoises, mais plus souvent un Pégase qui s'enlève. Dans ce dernier cas, on est frappé par un détail tout à fait extraordinaire et fait pour intriguer : la tête du Pégase est formée d'ordinaire par un petit génie plié en deux ; ses bras allongés le long de ses jambes constituent tant bien que mal, mais plutôt mal, le museau, tandis que ses ailes figurent les oreilles. Cet enfant étrange est-il le frère de Pégase, Chrysaor, jailli comme lui de la tête coupée de Gorgone, ou bien un Cabire ? La question reste obscure, mais du moins n'a-t-on jamais vu fantaisie plus incongrue ; elle est vraiment indigne du goût des Grecs, mais elle plut sans doute beaucoup aux Indicètes. Ceux-ci ne tardèrent pas à comprendre combien la monnaie a d'avantages, et à en adopter l'usage : ils frappèrent force pièces de bronze d'après le système romain. Or, tandis que l'avers représente toujours une tête casquée de Pallas, le revers porte le plus souvent Pégase-Chrysaor. Ces monnaies indigènes, dont la légende ordinaire en caractères ibériques se lit ᛀᛂᛌᛂ.ᛐ ᛄᛁ ᛁ (unt cescen?), mot que les Grecs et les Romains ont transcrit *Indica*, sortent de coins imités du grec, mais très barbares. Comme la plupart des monnaies ibériques (peut être le principal atelier de ces monnaies fonctionna-t-il d'ailleurs à Emporion). elles altèrent à plaisir la pureté des images qu'elles imitent, tournent le profil de la déesse en caricature, déforment le grand casque et lui adaptent des cimiers extravagants. Les mêmes types, devenus ainsi très caractéristiques. se retrouvent sur les pièces à légendes romaines, et cette monnaie barbare semble s'être substituée complètement à la monnaie grecque que l'on ne frappe plus.

Comme l'amalgame de la colonie grecque et de la ville indicète fit d'Emporion une ville hybride que l'apport romain rendit plus confuse encore, comme dans les ruines déblayées le grec, l'ibérique, le romain se superposent, s'enchevêtrent et finissent par se brouiller, de même les éléments du monnayage se confondent en s'altérant. et les pièces du municipe romain sont un mélange informe où l'art n'a rien gagné. Nos aïeux gaulois furent plus heureux ou plus habiles, et les nombreuses imitations qu'ils firent des drachmes d'argent emporitaines ne sont pas toujours indignes d'elles, bien que l'inévitable Chrysaor et la naïveté des inscriptions dénuées de sens nous fassent sourire.

Telles quelles, les monnaies d'Emporion, dont la circulation fut intense sur toutes les côtes d'Espagne jusqu'à Carthagène. sur les territoires des Ausétans et des Ilergètes, dans les Baléares, et en Gaule dans la région pyrénéenne, à Perpignan, à Narbonne et à Nîmes, sont le témoignage d'un commerce très florissant.

La conquête, puis la paix romaine vinrent consolider encore les liens devenus fraternels, infuser aux Emporitains un sang nouveau et prolonger l'ère de leur prospérité. Leur ville, depuis le jour où Cn. Scipion y débarqua pour affronter Hannibal, en 218, devint une base importante d'occupation. Si elle se souleva contre ses nouveaux maîtres, ce qui, en l'année 195, attira l'intervention décisive de Caton, ce fut une résistance éphémère, et ce fut la dernière. César put sans difficulté, en 45, établir sa colonie. Mais la concurrence de Tarragone et des autres villes romanisées de l'Espagne citérieure. mieux situées pour les intérêts politiques et stratégiques de Rome et les intérêts commerciaux de la Province, lui fut fatale. Abandonnée peu à peu, elle disparaît sous les sables qui s'amoncellent et l'étouffent. Quelques habitants restent fermement établis dans la Vieille-

Ville insulaire, à qui le Christianisme rendra un peu
de vie, si bien qu'elle deviendra, sous le nom d'Ampurias, siège d'évêché et capitale de l'Ampourdan ; les
autres se dispersent ou s'installent au lieu tout
proche où leurs descendants vivent encore, à la
Escala.

Peut-être faut-il chercher la raison la plus décisive
de cette mort d'Emporion dans l'ensablement du
port que ne put assez protéger le môle dont il subsiste un grand tronçon. Incapables de lutter contre
l'envahissement de la petite rade, les marins, pêcheurs et caboteurs, durent chercher un meilleur
refuge et le trouvèrent tout près de là dans une
crique voisine ; mais les temps étaient changés et ils
ne purent que végéter dans leur nouvelle demeure.

C'est que le vent est dans ces parages un ennemi
redoutable. On a tout dit sur le Circius, notre mistral,
que les anciens divinisèrent, que les Félibres révèrent
et chantent, que les Provençaux aiment pour ses
grands souffles rafraîchissants et redoutent pour ses
colères mugissantes ; la Tramontane qui fait rage en
Ampourdan, moins terrible et tapageuse, a pourtant
avec ce terrible adversaire, au grand large du golfe,
d'ardents conflits qui soulèvent la haute houle tumultueuse et forcent les navires à la fuite. A travers la
plaine nue de Castellon, que coupent à peine des
fossés humides et des canaux bordés de saules tor-
dus, quand le vent tombé des monts se précipite sans
obstacles, le voyageur avance avec peine, et les ali-

gnements pressés de roseaux secs plantés en guise
d'écrans tout le long des routes balayées se balancent,
se couchent et se relèvent, se serrent et s'écartent
tour à tour en ondulations sifflantes sans protéger
des rafales ni de la poussière. Mais il est un autre
vent encore, le vent d'est, venu de la mer, plus fatal
aux rivages emporitains. Celui-ci drosse contre la
côte les lames de fond chargées de sable ; le sable se
dépose et s'amasse au bord du rivage qui peu à peu
s'élève, et pas à pas, avec le temps, la mer recule des
anses comblées et des plages émergeantes. Puis le
vent galope sur les dunes nouvelles, rasant et frisant
leur surface molle, la soulève et l'emporte en nuages
poudreux qui s'abattent sur le continent. Le sol est
saupoudré de minces couches superposées ; les grains
subtils du sable s'insinuent aux moindres trous, aux
moindres fissures, s'accrochent aux moindres aspé-
rités, et chaque jour plus dense et plus lourd s'étend
et s'épaissit le suaire. En vain les ingénieurs cherchent depuis plusieurs années à arrêter la dune
envahissante par des levées et des chaussées savantes,
à fixer le moutonnement du sol par d'habiles planta-
tions de pins et de genêts : le vent, sans redoubler
son effort, se joue à travers les arbres et par-dessus
les levées : son aile balaye et cueille la palpable poussière, la transporte et la jette plus loin au sol en
larges traînées qui se rident. Alors, aux heures de
bourrasque, le visiteur d'Emporion enveloppé, se-
coué, retourné, reçoit au visage la rude et brutale

caresse d'une pluie solide, et, comme le voyageur de
la fable, serre en vain son manteau sur ses épaules
flagellées.

Fuyez, au cours de ces matinées pénibles, les lieux
où Emporion a dormi de si longs siècles son sommeil de ruine ensablée. Mais si le jour s'est levé sans
nuages, si la mer apaisée roule mollement sous le
soleil ses paresseuses ondulations d'azur, si l'Ampourdan repose dans le calme profond de sa campagne lumineuse, si les Pyrénées découvertes,
dominées par le Canigou, découpent à l'horizon
leurs splendeurs neigeuses dans le ciel pur, quel
charme d'errer de San Martin à la Escala, tous les
sens enchantés de l'harmonieuse nature, tout l'esprit
ému des antiques souvenirs qui ressuscitent et sur-
gissent en foule !

C'est qu'Emporion, admirable champ de fouilles
longtemps abandonné à l'ignorance cupide des pil-
leurs de tombes ou bien à l'activité maladroite d'antiquaires de village, a enfin éveillé la sage et méthodique curiosité scientifique.

La nécropole du *Portichol*, trop facile à reconnaître
et à explorer, n'est depuis longtemps qu'un résidu de
tombes éventrées et pillées. Les trésors de ses
vases peints et de ses terres cuites, de tout son précieux mobilier funéraire, sont dispersés aux quatre

coins de l'Europe, et seuls les musées de Gérone et de Barcelone avec certaines heureuses collections privées en gardent quelques restes authentiques. Mais la ville n'avait que peu souffert, égratignée çà et là par quelques explorations éphémères. Tout vraiment restait à faire lorsqu'en 1909 la Commission des musées et le Conseil général de Barcelone, sur l'initiative de l'illustre architecte Puig y Cadafalch, entreprirent des travaux réguliers. Menée à bien par MM. Cazurro et Gandia, l'œuvre a été poussée très loin déjà, et de belles et savantes publications en ont fait connaître sans retard les principaux résultats (1).

Comme il était tout indiqué, la fouille s'est d'abord attaquée à la ville grecque étagée au flanc d'une colline, le long du port aujourd'hui comblé, dans son enceinte de quatre cents pas.

Si la muraille dont ont parlé Strabon et Tite-Live a disparu par endroits au cours des siècles, ailleurs elle a subsisté large et forte ; l'on en peut suivre en maintes places le tracé ferme et régulier, dont les

---

(1) Il n'a pas été publié encore de plan d'ensemble des fouilles ; il faut donc nous contenter pour le moment du sommaire relevé, du reste fort exact, que nous empruntons à M. Cazurro, *Guia de las ruinas de Ampurias*.

mesures correspondent assez exactement à la donnée antique.

Nous avons dit que lorsque la colonie grecque se fondit avec la ville des Indicètes le mur qui les séparait n'avait plus sa raison d'être : ce mur mitoyen, qui suivait du nord au sud le bord du talus, a sans doute été rasé, mais on le devine encore ; au contraire, s'il y eut une muraille le long du rivage, comme il est probable, elle n'est plus depuis longtemps ; il n'est resté pas le moindre vestige.

Mais la ligne du Sud, tournée vers la campagne, *versa in agros*, est encore debout, et quoique découronnée et rabaissée, a bravé les siècles. La vue en est faite pour surprendre et dérouter l'archéologue.

Puisque la Ville-Neuve naquit vers 450, on s'attendait à découvrir un de ces chefs-d'œuvre de construction savante et pure où triomphèrent les architectes au siècle de Périclès : des assises régulières finement jointoyées, des surfaces ravalées et parées avec une soigneuse adresse, tout un art digne de ces temps privilégiés où la pierre docile se prêtait à tous les raffinements de la technique, où l'utile s'ornait toujours de goût et de beauté. Tout au plus pouvait-on prévoir quelques souvenirs archaïques, quelques irrégularités d'assises, ou l'usage d'un appareil un peu vieilli avec d'excusables défaillances de travail. Au contraire, la fouille nous a mis en face d'une œuvre barbare ; puissante assurément, imposante et

belle pour sa robustesse massive, la fortification nous
recule jusqu'aux âges lointains des bâtisses cyclopéennes. D'énormes et lourds quartiers rarement
équarris s'entassent en apparent désordre, mêlés de
quartiers moins volumineux, tandis que de petites
pierres bloquent les trous ou les interstices. De ci de
là on devine un souci d'alignement et d'assises, mais
l'œil n'en peut suivre au delà de quelques mètres la
ligne horizontale qui bientôt se brise et chevauche ; à
peine quelques joints verticaux s'égarent dans la
confusion des obliques et des courbes. Et comme la
surface extérieure n'est que bosses, éclatements et
ravalements en cuvettes, on se croirait brusquement transporté à Tirynthe ou Mycènes, ou plutôt à
Gérone, Tarragone ou Sagonte, en pleine époque, en
pleine ville ibériques. A peine aux angles saillants,
où les matériaux sont entassés avec plus d'ordre, les
arêtes sont-elles dressées en lignes droites et bien
normales.

L'explication du fait paradoxal nous semble d'ailleurs assez simple : les intrépides marins et les
négociants qui allaient chercher fortune vers les
lointains rivages, en gens rudes et pratiques avant
tout, ne durent pas emporter dans leurs bagages un
grand souci de la beauté architecturale. Si un véritable artiste les suivit parfois, ce fut quelque tête
chimérique, avide d'aventures et de sensations nouvelles, que la fortune ne favorisait pas dans sa patrie. A s'installer, les colons employaient sur place

les ouvriers indigènes, quels qu'ils fussent, et leur souple nature s'accommoda des métiers et des industries locales. Emporion avait besoin, et sans délais, de murailles fortes plus que de belles murailles, et peu leur importa que la construction en fût rudimentaire, que l'aspect en rappelât les rébarbatives enceintes des âges héroïques plus que les élégantes fortifications modernes de leur métropole.

Même la porte qui s'ouvre dans le milieu du mur et qui jouait un rôle si important dans la vie de la cité, cette porte que surveillait jour et nuit un des magistrats, tandis qu'un tiers des citoyens, la nuit au moins, faisait sentinelle sur le mur lui-même, cette porte n'a pas la disposition mûrement étudiée que donnèrent aux portes fortifiées les ingénieurs militaires de Mantinée par exemple, ouvrages que nous pouvons citer bien que l'époque en soit un peu plus tardive. Elle ne se défendait que par une herse massive, dont elle a conservé les deux glissières profondes, et par la masses de deux bastions avancés qui la flanquent, où furent employés des rochers colossaux. La rue intérieure qu'elle dessert y aboutit toute droite, sans ces angles et ces retours ingénieusement funestes à un envahisseur. Nous ne savons pas d'autre part quel système d'abris, de chemin de ronde ou de créneaux protégeait les soldats veillant à la brèche de la porte, au saillant ou au faîte. Mais partout la fortification porte la même empreinte d'artisans robustes, frustes, contents de peu.

Oui, dans cet amoncellement de blocs pesants, dont quelques-uns cubent près de 7 mètres et pèsent plus de 16.000 kilogrammes, nous reconnaissons la main de vigoureux Ibères à la solde des riches colporteurs, et c'est aussi leur main qui se retrouve dans presque toutes les constructions que les fouilles ont exhumées à l'intérieur de la ville.

Sans nous attarder à décrire par le menu les rues, les carrefours et les places, les escaliers, les édifices publics et privés qui s'enchevêtrent et s'étagent dans le trapèze de l'enceinte grecque depuis ce qui fut le rivage du port jusqu'au bord qui s'étend en arrière, ensemble où se dénote un médiocre désir de luxe et même de confort, il nous suffira d'étudier une ou deux des constructions les plus importantes pour que ressorte bien en évidence cette idée maîtresse.

Les temples, sans aucun doute, et les petits sanctuaires devaient être les monuments les plus soignés de la ville nouvelle ; la pioche en a retrouvé les ruines sur la plus haute terrasse, comme on devait s'y attendre. Mais ce ne sont pas de brillants édifices de marbre, à la riche décoration éclatante, évoquant les souvenirs glorieux de l'Acropole d'Athènes.

Un petit sanctuaire, consacré peut-être à Asclépios, n'est qu'une pauvre chambre oblongue, mesurant 8 m. 80 sur une face et 5 m. 20 sur l'autre, sans péribole, sans péristyle sans doute, n'ayant pour tout

ornement qu'une moulure très simple à la hauteur
de l'entablement. Un fragment informe de chapiteau
dorique, un fragment de base de pilastre permettent
tout juste de supposer que la façade comprenait deux
colonnes entre deux antes. On a reconnu que le
temple avait subi à l'époque romaine des réparations
dont le sol en pauvre mosaïque est un témoignage
certain : mais il est bien d'origine grecque, comme
le prouvent les débris de céramique du quatrième
siècle trouvés sous cette mosaïque, et surtout un
petit autel, transporté au musée de Barcelone, dont
le fût cannelé s'évase élégamment en cloche vers la
base, et dont le sommet s'ornait de fermes volutes
ioniques. C'est à peu près la seule pierre architecturale d'Emporion qui révèle sinon le ciseau, du
moins la pensée et le goût d'un Hellène.

Une autre construction sacrée, un peu en avant et
en contre-bas de la précédente, s'élevait sur un mo-
dique soubassement de moellons bordés d'une
maigre moulure, que cachait heureusement une
couche de stuc. Ce n'était qu'un édicule, et nous ne
doutons pas que les murs aujourd'hui ruinés de la
modeste cella carrée n'aient été qu'une simple maçonnerie de village. Ici pourtant s'affirme l'intervention d'un architecte grec, car on a recueilli autour du
soubassement, avec un fragment de bon chapiteau
ionique, un bel antéfixe d'angle, de dessin sobre et
vigoureux, et trois mufles de lion en terre cuite, tous
les trois différents, dont le style légèrement archaïque

fait songer aux belles gargouilles d'argile des vieux chéneaux de Grèce. Sans doute quelqu'un de nos navigateurs en avait-il lesté sa profonde pentécontère.

Malgré tout, ces deux sanctuaires marquent des cultes pauvres et populaires ; plus humbles encore sont les deux soubassements qui subsistent un peu en contre-bas à côté d'eux ; ils reposent sur une plate-forme dont la face intérieure est verticale, et comprend sur le sol une double assise de pierre dont la plus basse est très mal taillée et appareillée, tandis que la face postérieure s'étend en quatre degrés d'accès. Ces degrés, comme tout le reste de la plate-forme et les deux soubassements eux-mêmes, sont de construction simple et rustique. Un stucage en dissimulait la pauvreté, et le bord des socles était garni non pas même d'une moulure, mais d'un simple bandeau plat. Tout près de là, et certainement en rapport avec ce monument, est encore à sa place un autel quadrangulaire en forme de piédestal, aux flancs striés de cannelures, dont le feu des sacrifices a noirci la tête concave. Quelles divinités se dressaient en plein air sur ces socles sans apparat ? Le style de l'autel et les tessons recueillis alentour indiquent une époque assez ancienne, et nous ne sommes pas étonné que l'on ait déterré tout auprès les débris de deux statues archaïques d'argile. Du moins, à défaut de l'éclat des marbres et du luxe des ornements, les dévots qui montaient jusqu'aux sanctuaires avaient du haut de la colline. par-dessus les maisons basses. l'horizon infini de la mer étincelante et les vastes routes humides largement ouvertes vers l'orient paternel.

En sa modestie même et sa pauvreté, édifiée et décorée par l'outil malhabile des mercenaires indicètes, cette terrasse des dieux est pourtant la partie la plus soignée. la plus artistique de la ville, et çà et là semblent s'y éveiller l'esprit et le goût de la mère-patrie. C'est ainsi que les murs de soutènement sont par endroits assisés avec des pierres bien équarries et jointées avec une régularité, une correction inattendues, comme dans la plus classique ville de l'Hellas ; l'œil se repose avec complaisance sur ces lignes pures dont l'ordre et l'harmonie suffisent à créer presque de la beauté.

La Néapolis emporitaine a subi plus d'un remaniement au cours de la période romaine, surtout dans le quartier du port. Il semble qu'on y ait dégagé une place pour y construire un temple plus grand et plus riche que ceux de la ville haute. Ce temple, dont le plan se lit assez nettement, et dont il subsiste le socle surélevé, fut peut-être voué à Sérapis ; il rappelle a la fois les temples pompéiens d'Isis et de Mercure, et mériterait une étude sérieuse avec un essai de restitution. Disons seulement que si la disposition en est empruntée à de bons modèles, si l'architecte a cherché à lui donner le décor classique des colonnes et des portiques, il n'en est pas moins apparent que

la matière de la construction était vile et la main-
d'œuvre maladroite. Si la maçonnerie de la base
même de l'édifice est garnie de dalles bien taillées et
bien ajustées, dans une alternance un peu rare mais
non sans élégance, ce n'est là qu'un placage sommaire, sans grande valeur architecturale, et tout le
reste de la bâtisse est fait de masses stuquées dont
l'âme, tantôt moellons, tantôt pierres sablonneuses,
est d'un travail rapide et sans prix. Même les colonnes
du portique, dont il s'est conservé quelques fûts et
quelques chapiteaux d'ordre dorique-romain, sont
d'un style banal et pauvre qui défie tout intérêt. Ici
encore les Emporitains n'ont fait appel qu'aux ouvriers du pays dont la longue fréquentation des
Grecs n'avait que fort mal dégrossi les générations
successives.

Chose curieuse, et qui s'explique pourtant : peu
soucieux des demeures de leurs dieux et sans doute
de tous les édifices, comme aussi de leurs maisons
particulières, les Emporitains se sont particulièrement appliqués à quelques travaux d'utilité publique.
Les œuvres les plus étudiées, les plus magistralement
construites, sont assurément les deux grandes citernes
qui, creusées en plein quartier des temples, rassem-
blaient et conservaient la provision d'eau de la cité.
Les Grecs y ont imposé l'ingéniosité pratique qui
s'alliait si bien chez eux avec l'amour du beau, et
les profonds réservoirs, étroits et longs, recoupés
d'arcs vigoureux maintenant la poussée des terres,

cimentés proprement et bien étanches, défient les reproches de toute critique.

Tout près de la citerne, dans un recoin de ruelle, un curieux appareil attire l'attention : c'est un demi-cercle de hautes amphores minces, accolées les unes aux autres au nombre de sept autour d'un petit bassin, et qui, percées un peu au-dessus de leur pied en pointe et remplies sans doute de charbon et de sable, formaient le plus simple et le meilleur des filtres.

Que d'ailleurs on n'exagère pas notre pensée : s'ils ont eu peu de souci de la belle architecture, les Grecs d'Emporion n'ont pas fait fi des délicatesses de l'art et du charme qu'il ajoute à la vie : ils ne pouvaient démentir leur race privilégiée, renier leur instinct d'élégance et de goût. Leurs modestes temples, leurs simples demeures s'agrémentèrent de statues et d'objets délicats. Les beaux vases à figures rouges n'étaient pas réservés à l'ornementation des tombeaux ; les débris en abondent dans les couches profondes des remblais, et si les sculptures de terre cuite, de marbre ou de bronze ont presqu'entièrement disparu de la ville lors de son abandon, ou des ruines au cours des siècles, quelques pièces de choix se sont pourtant retrouvées lors des fouilles.

Ainsi la statue de marbre d'Asclépios dont le morceau principal fut découvert dans la grande citerne, et le reste entre cette citerne et la terrasse du temple auquel on a par suite donné le nom du dieu,

est une bonne statue de culte qui date probablement
du cinquième siècle, et où l'on n'hésite pas à reconnaître un original grec. L'attitude est simple et noble ;
la tête, à la chevelure et à la barbe olympiennes, est
empreinte d'une douce majesté. L'étoffe du grand
manteau qui enveloppe le dieu, ne laissant à nu que
le torse, ici se plaque au corps, souple et transpa-
rente, là s'étale ou se drape à grands plis disposés
sans recherche. Parmi les innombrables images du
dieu guérisseur, dont beaucoup sont de ce même
type devenu banal, celle-ci est certainement l'une
des plus admirables et mérite la place d'honneur
qu'elle a prise au musée de Barcelone.

Pourtant, à cette statue colossale (2 m. 20), combien
est préférable une exquise petite tête de femme, haute
de 12 centimètres seulement, qui est un chef-d'œuvre
de grâce attique ! Enchanté de cette trouvaille qui
datait, heureux augure, des premiers jours des fouilles, D. Ramón Casellas a écrit : « Infiniment plus
belle que tout ce qui a été trouvé jusqu'à présent, et
infiniment plus belle que tout ce qui sera trouvé
dans la suite, elle est aussi plus belle que la tête
d'autres divinités féminines de renom universel, celle
de la Vénus de Milo par exemple... » Plus belle que
la Vénus de Milo, c'est beaucoup dire, et D. Ramón
se laisse entraîner un peu loin par son légitime
enthousiasme. Du moins est-il certain que la Vénus
d'Emporion, que l'on a prise à tort, selon nous, pour
une Diane, est une pure merveille. Jamais le génie

grec n'a rêvé beauté plus suavement idéale : les yeux
noyés de plaisir, la bouche entr'ouverte au soupir,
la tête lasse inclinée sur l'épaule, tout est langueur
et volupté. Et, par un véritage sortilège, le marbre
s'assouplit en chevelure ondulée, ou s'anime en
chair savoureuse sous le ciseau léger et doux qui
glisse et enveloppe comme une caresse d'amour. O
Scopas, ô Praxitèle !... Honneur au marchand raffiné
qui apporta aux Indicètes incultes ce fruit génial de
sa divine patrie ! Vénus d'Emporion, Dame d'Elché,
vous êtes les symboles immortels de l'Ibérie policée
par l'Hellas !

Tite-Live l'a dit, c'est miracle que le petit comptoir
phocéen, accroché aux rivages barbares, ait pu vivre,
s'accroître et prospérer à côté de ses difficiles voisins. Il le dut à sa sage et persistante discipline sans
doute, mais aussi aux services qu'Emporion rendit
à Indica, jusqu'au jour où les deux villes s'enten-
dirent pour une existence commune.

Nous aimerions à connaître la cité de la peuplade
ibère comme celle des colons ; les fouilles satisferont
peut-être un jour notre curiosité. Mais il faut pour
cela que la pioche et la pelle creusent des tranchées
profondes et découvrent le sol primitif, car la ville
romaine s'est étendue largement sur tout le plateau
qu'occupait Indica, en arrière du rivage, *retractior*

a mari, et par hasard seulement on en retrouve quelques vestiges parmi les maisons et les édifices bâtis par les conquérants.

L'enceinte de 3.000 pas qu'a signalée Strabon s'est conservée par tronçons, surtout aux abords de l'enceinte des Grecs. A l'extrémité ouest du gros rempart que nous avons décrit les fouilles ont mis à nu un des deux points de raccord des deux murailles. Il est des plus curieux, car entre l'appareil cyclopéen des colons et l'appareil aussi primitif des Indicètes se trouve comme coincé un pan de mur à régulières assises, à faces ravalées en bossages, qui dénote une architecture plus habile et tranche d'étrange façon sur les parois adjacentes. Des tronçons analogues se rencontrant ailleurs encore, il faut admettre sans doute que les Romains ne se contentèrent pas longtemps de la fortification élevée autour d'Indica par ses habitants primitifs, plutôt amoncellement de pierres brutes que muraille réelle, et la remplacèrent par une construction plus savante et plus régulière. C'est probablement dans des circonstances analogues, dans le fameux rempart de Tarragone, que les Romains firent élever sur quelques assises cyclopéennes conservées le mur à bossages rendu célèbre par les marques de tâcherons ibériques qu'on y peut lire. A Emporion il n'a subsisté que deux ou trois de ces assises sur certains points du périmètre de la cité. Ces pierres taillées et appareillées n'étaient du reste qu'un placage de revêtement, et la muraille elle-même est formée d'un noyau de terre compacte, recouvert d'une chape de mortier où sont noyées de petites pierres et des fragments de briques ou tuiles. Ce béton est devenu plus dur que la pierre et d'une telle solidité que les siècles n'ont pu complètement le détruire.

Sur une longueur de 255 mètres presque toute la ligne du Sud s'est conservée dans un tel état qu'on en peut étudier très facilement la construction.

La robe de pierres a disparu, sauf au pied même de la muraille qu'a protégée le sol montant ; mais l'armature de béton a résisté, formant arcade et presque tunnel, quand l'âme de terre s'est effritée à la faveur de quelque brèche ; elle s'élève encore, presque partout, de 4 mètres, et l'épaisseur en est de 3 mètres. Au milieu de ce mur méridional était construite une grande porte depuis longtemps connue, mais que les fouilles ont déblayée. Elle paraît actuellement taillée en arc de triomphe, mais elle était en réalité quadrangulaire, et le cintre qui semble la couronner est dû aux érosions de ceux qui se glissèrent si longtemps par l'ouverture presque comblée et trop étroite.

La porte donnait sur la campagne ; elle était l'issue d'une grande rue qui traversait la ville du sud au nord et qu'on pourrait appeler le *cardo maximus* d'Emporion, rue large, bordée, avant la porte, d'une colonnade dorique dont plusieurs bases sont encore à leur place, et dont quelques chapiteaux avaient roulé çà et là dans les décombres. Il n'est pas sans intérêt de savoir que ces portiques n'ont été complètement enterrés que depuis fort peu de temps, et que les fouilles récentes n'ont fait que les retrouver, car un historien de l'Ampourdan, D. José Pella y Forgas, dans son livre publié en 1883, écrivait ces lignes qui se rapportent sans aucun doute aux colonnes en question : « Aujourd'hui n'apparaissent à fleur de terre d'autres restes que ceux des invincibles murailles ; on devine seulement la place qu'occupa un grand édifice public, temple ou forum, à cause des bases de pierre sablonneuse formant deux files de six colonnes chacune, dont les fûts roulent en fragments tout alentour. » Quelle preuve plus évidente de la rapide montée envahissante des terres ?

C'est à l'intérieur de cette enceinte que doivent maintenant porter les recherches. Jusqu'à présent on n'a fouillé dans la ville ibéro-romaine que de façon fort irrégulière. On n'a déblayé çà et là, à diverses époques, que des citernes et quelques groupes de maisons plus ou moins riches ; hors de la ville on a pu fixer aussi l'emplacement de nécropoles romaines, au sud et au sud-est, où alternent selon les âges les rites de la crémation et de l'inhumation. Dans ces parages, en un point culminant, s'érige encore une masse compacte de béton que revêtait autrefois une chape de pierres de taille ; c'est tout ce qui reste d'un mausolée, riche sans doute, construit de la même façon que la muraille contemporaine : on l'appelle le *Castellet*.

Il reste encore de l'époque romaine une construction de grand intérêt : c'est la haute et large jetée dont les conquérants protégèrent le port contre l'assaut des vagues et l'invasion du sable. Peut-être les Grecs avaient-ils déjà jeté par le fond un large enrochement de direction sud-nord, qui continuait un promontoire naturel et brisait les lames de l'est, si dangereuses, suffisant à maintenir un peu de calme dans la crique trop ouverte. Les Romains, dont les transports de guerre, lourds à haler sur la grève, réclamaient une autre défense que les barques de commerce des Grecs, bâtirent sur l'écueil artificiel l'épaisse muraille rongée et dégradée, dépouillée par endroits de sa tunique de pierres, mais non renversée ni détruite, et qui conservait encore, il y a quelques années, de gros anneaux d'amarrage en fer. Sa haute masse imposante de moellons et de briques amalgamées au mortier de pouzzolane, aux flancs marquetés de pierres taillées qui s'enfoncent en coins, s'allonge encore et se dresse, défiant la mer, les hommes et le temps, inébranlable ; tel un grand monstre écailleux échoué sur des écueils, accroupi, mutilé, écorché, pantelant, mais luttant encore dans une lente et fière agonie.

On voit comment les colons de Rome prirent possession d'Emporion devenue Emporiæ et la façonnèrent au gré de leurs mœurs et de leurs besoins. Sur

la ville grecque et surtout la ville indicète s'étendit
comme un grand manteau romain qu'il faut arracher
pour pénétrer aux couches antiques. Ainsi s'explique
que soient si rares les trouvailles ibériques. A peine
une pierre de sculpture décorative à rinceaux et
méandres rappelant de très archaïques dessins; nulle
figurine de bronze ou d'argile ; seulement d'assez
nombreux tessons de poterie géométriquement décorée de lignes droites et de cercles ou segments de
cercles concentriques, ou couverte de rinceaux, de
feuilles, d'animaux stylisés. Mais y a du moins un
débris de valeur, de grande valeur même.

C'est le reste d'une urne pansue à deux anses, de
forme basse et lourde, dont l'épaule était décorée
d'une chasse au cerf. Parmi les poteries ibériques,
encore assez rares, où sont figurés des hommes, celle-
ci se classe tout à fait à part, car elle est une évidente
imitation des vases grecs à figures noires. Sans rien
oublier des motifs traditionnels des ateliers de son
pays, faisant usage, mais usage discret, des dents de
loup, des frises de demi-cercles concentriques appuyés
sur des bandeaux, des crosses, etc., le céramiste d'Indica s'est essayé à reproduire à sa manière les belles
peintures qu'il admirait sur la vaisselle de ses voisins étrangers. Il a composé, très librement d'ailleurs, toute une scène qu'il substitue aux thèmes
courants de sa fabrique ; des hommes vivants, dans
leur forme réelle, ou du moins tels qu'il les voit,
prennent heureusement la place des images stylisées

ou de pure fantaisie décorative dont il avait l'habitude. Les deux chasseurs conservés, détachés en ombre portée sur le fond, sont lancés au galop, le bras gauche tendu, un long épieu en arrêt à la hauteur de la hanche. Une ligne de crosses figure le terrain, et une bande appuyée de demi-cercles le ciel et les nuages peut-être ; un arbre marque le paysage. La scène est encadrée à droite et à gauche par les deux anses de l'urne. Elle se répétait certainement, avec des variantes, sur l'autre moitié de l'épaule ; il n'en reste malheureusement que l'avant-corps de la bête de chasse, une grande biche qui détale, épuisée, tirant la langue. Il serait aisé de retrouver sur nombre de vases à figures noires — il en est même un exemple intéressant provenant d'Emporion — des coureurs lancés de la même façon, presque ventre à terre, faisant presque le grand écart, mais avec une jambe pliée au genou à angle aigu ; il est non moins aisé de retrouver le souvenir du plus lointain archaïsme classique dans l'élargissement des épaules et l'amincissement de la taille des personnages. Les modèles grecs, cela n'est pas douteux, ont agi sur celui que nous osons nommer un artiste, et d'heureuse manière ; mais notons qu'il n'est pas un copiste machinal : il s'inspire et ne plagie pas ; il reste ibère, toute distance gardée, comme restait tartessien le sculpteur génial de la Dame d'Elché. Aussi mérite-t-il jusqu'ici une place à part entre les céramistes de l'Espagne primitive ; il est jusqu'ici le représentant unique d'une école ibéro-grecque qui l'emporte, sinon par l'originalité, du moins par l'art sur les écoles fameuses désormais d'Elché, de Numance et d'Azaila. Où pouvait, où devait cette école naître ailleurs qu'à Emporion ?

Les trouvailles d'objets romains ne sont pas méprisables ; ce qui domine, c'est une quantité prodigieuse de tessons ornés de figures en relief moulées, presque tous de couleur rouge vernissée, quelques-uns jaunes et parfois jaspés, que les Espagnols appellent sagontins (*barro saguntino*), que les archéologues ont tour à tour dénommés samiens, arétins, sigillés, et que des travaux récents ont très bien fait connaître. La collection d'Emporion, très dispersée par malheur, est composée en grande majorité de vases fabriqués à Arezzo, ou du moins au moyen de moules arétins, mais aussi d'imitations gallo-romaines, en particulier de l'important atelier de la Graufesenque, ainsi qu'il a été établi par l'étude minutieuse d'innombrables marques d'origine. C'est assez dire que les motifs en sont extrêmement variés. Beaucoup sont d'une jolie finesse et d'un grand charme ; beaucoup, examinés de près, sont d'une réelle valeur documentaire, et l'industrie qui a répandu par milliers ces élégants objets dans tout le monde romain était assurément très artistique et méritait son prodigieux succès.

Mais ces décorations faites au moule, avec une adresse devenue quelque peu banale, le céderont toujours à l'art si libre, si personnel de la céramique grecque, et comme la nécropole grecque nous a rendu en nombre considérable les produits de cette dernière, c'est vers eux qu'ira toujours l'attention, de préférence aux restes trop mutilés et un peu monotones des autres ateliers.

En 1846 et 1847 la *Commission des monuments historiques* de Gérone, ayant sommairement exploré quelques points de la ville haute, eut l'adresse de découvrir un columbarium qui ne tarda pas à être enterré de nouveau, et que les dernières fouilles ont de nouveau déblayé. On nettoya aussi quelques maisons, et l'on eut la chance de trouver dans un atrium une petite mosaïque bien conservée, très nette et assez fine, représentant Iphigénie conduite au sacrifice. Bien protégée par une maisonnette construite exprès pour l'abriter, elle est encore en place par bonheur. Malgré sa médiocre valeur artistique, le document est précieux, car la scène semble bien inspirée par un de ces innombrables tableaux issus du chef-d'œuvre fameux de Timanthe.

Mais cette mosaïque le cède de beaucoup à un petit panneau qui est de facture très supérieure et qui tranche de la plus heureuse façon sur l'ordinaire des productions de cet art si secondaire, à notre avis. Il est fâcheux seulement que le sujet ait fort peu d'intérêt; il représente quatre poissons, une grosse rascasse toute hérissée, deux bogues et une murène, nageant devant un rocher où s'est perché un martin-pêcheur qui tient en son bec une crevette, tandis qu'un crabe, tapi dans une fissure, sort sa pince pour l'atteindre. Le thème est quelconque, mais les pierres irrégulières, minuscules, d'un vif éclat, nuancent très ingénieusement les animaux et la mer.

Cependant l'attention se porte surtout sur un buste de bronze découvert, comme la mosaïque d'Iphi-génie, dans les fouilles anciennes, et appartenant aujourd'hui à la collection de M. le comte de Güell, à Barcelone. Il est d'un très grand mérite. Qu'il figure Julie, la fille de Titus, ou quelqu'autre princesse de la même famille impériale, ou simplement une riche matrone, il doit être rangé parmi les portraits les plus vivants de Romains et de Romaines, et l'on sait que cette série contient des chefs-d'œuvre. Il frappe autant par la franchise du modelé, la ressemblance certaine des traits et l'acuité des yeux d'émail que par la bizarre originalité de la coiffure dressée autour du front et des tempes en haut croissant postiche.

⁂

Emporion n'avait pris qu'une part très secondaire aux guerres de l'indépendance ; nous avons rappelé que Caton y aborda avec sa flotte en l'année 155. Les Grecs, nous a raconté Tite-Live, reçurent le consul et son armée avec douceur et bienveillance, tandis que tous les indigènes restaient dangereusement hostiles, ainsi que tous leurs frères des territoires circonvoisins. Une sanglante bataille, aux portes mêmes de la ville, assura la soumission des ennemis, bientôt suivie de celle de toute l'Espagne Citérieure. Dès ce moment, ayant reçu une garnison romaine, Emporion ne cessa d'être fidèle aux vainqueurs. Il est possible qu'elle ait pris parti pour César dans sa lutte contre Pompée et ses fils, et c'est sans doute en reconnaissance que César lui envoya sa colonie de vétérans. Mais tandis que le temps passait, transformant l'Espagne en province de plus en plus soumise, nous avons vu que l'importance d'Emporion avait déchu. Elle dépérit sous l'empire, peut-être avant, se dépeupla, se démolit peu à peu, se ruina et doucement s'enlisa dans les sables.

Pourtant elle existait encore lorsque le christianisme s'introduisit en Espagne. Les *Fausses Chroniques* prétendent que ce fut la première ville où l'apôtre Jacques prêcha, et les continuateurs de l'*Historia sagrada* affirment sans plus d'autorité que l'évêché d'Ampurias, datant du premier siècle, fut fondé par les Apôtres ou par leurs premiers disciples.

Quoi qu'il en soit, ce ne fut longtemps qu'un modeste village qui n'occupait pas, tant s'en faut, toute la surface de la ville antique. Les ingénieurs, au cours des travaux destinés à soutenir les dunes, ont eu l'occasion d'explorer tout un quartier de la ville grecque, le long du port ensablé. Au-dessus de ruines datant de l'époque de la fondation, en particulier de citernes, et parmi les ruines de rues et de maisons romaines, ils ont mis au jour un cimetière chrétien, qui n'a pu commencer à recevoir des tombes que lorsque la région était déjà abandonnée et même ensablée. De formes très diverses, sarcophages de prix plus ou moins ouvragés, quelques-uns même en marbre et sculptés de bas-reliefs, sépultures modestes de briques ou de tuiles assemblées, simples amphores, les sépultures s'y pressent et s'y enchevêtrent autour d'une humble basilique et montrent bien que la vie s'était déjà retirée depuis longtemps des bords du port inutile. Ce n'est pas dans l'ensemble des fouilles le lieu qui montre le moins d'intérêt, et si la recherche, comme il convient, se continue vers San Martin, on peut espérer encore de précieuses trouvailles. Tel qu'il est, le site qui s'offre aux yeux si désert et si triste, dans le désordre des maisons ruinées et des tombes violées, donne à l'esprit ample matière à rêver et philosopher : nulle part la vie et la mort de la cité ne s'exposent en un tableau plus clair, ne se racontent en un résumé plus frappant. Là, les trois plus grandes civilisations du monde, grecque, romaine, chrétienne, se rejoignent, se mêlent et se superposent sous nos yeux, n'aboutissant enfin qu'à la ruine et à la tombe. Mais pas plus que celle des hommes la mort des villes n'est éternelle : Emporion renaît au jour, ressuscitée par le travail curieux de la science et, dans un angle

abrité de vieil atrium romain bâti en travers d'une
rue grecque, en une cuve brisée de sarcophage chrétien, un délicat amandier qu'agite mollement le vent
du large secoue sur le sable frémissant la pluie rose
de ses jeunes fleurs, gracieux symbole de vie et d'es-
pérance.

Le visiteur, au retour des ruines, ne peut s'empêcher de gravir la colline de rochers et de sables
dominant la crique du Portichol où, depuis leur première escale, les Grecs n'ont pas cessé de déposer
leurs morts.

Qui saura jamais le nombre et le prix des vases et
des figurines, de tous les objets funéraires dont les
chercheurs de trésors ont dépouillé les tombeaux ?
Et quel espoir désormais que la pioche retrouve une
seule sépulture inviolée ? Si l'on en juge par les
épaves recueillies aux musées de Gérone et de Barcelone, dans plusieurs collections particulières et, à San
Martin même, dans l'affreuse mais hospitalière maison des ingénieurs, ces colons, si modestes dans la
construction de leurs temples et de leurs demeures, gardaient le goût et la passion des jolies
choses qui les avaient enchantés aux terres lointaines de la métropole. Souvenirs de la vie perdue,
ornements de la dernière demeure ou dons propi-
tiatoires aux dieux funéraires, ils emportaient fidèle-
ment dans la tombe leurs statuettes les plus saintes

ou les plus aimées, leurs vases d'argile préférés, leurs plus artistiques bijoux. C'est ainsi que les cachets gravés en pierres fines, les bagues, les pendants d'oreilles, les bracelets et les colliers précieux, les chatoyantes ampoules de verre phénicien, et l'infinie variété des cylix, des phiales, des lécythes, des œnochoés, des cratères, des amphores, des aryballes ou des alabastres aux légères et fines peintures, et le monde des statuettes, divinités sévères ou gracieuses, figures de genre et de tous les genres, rapprochent la ville perdue aux bords des lointains rivages de l'Ibérie des glorieuses Tanagras et Myrinas d'Hellas et d'Ionie ; et l'aventureuse colonie accrochée au bout du monde sur son périlleux promontoire grandit à nos yeux dans une auréole de beauté, comme le hardi pionnier de l'art qui civilise.

Nous ne devons ici ni tout énumérer ni tout décrire, et nous ne choisirons que deux ou trois objets de grand prix, bien à regret, de peur que ce choix ne fasse tort à tant d'autres qui auraient les mêmes droits à cet honneur.

Cependant nous ne pouvons éviter de signaler un riche alabastre où l'on voit une beauté d'Athènes s'en allant à la promenade, toute élégante et fine, de la tête aux pieds, dans sa robe blanche et son grand châle noir ; elle est un modèle de dessin rapide et sobre du style attique le plus pur.

Surtout une grande amphore, ou plutôt péliké, à figures rouges, dont il ne reste malheureusement que des fragments, était un morceau de roi. L'un des tableaux peints sur la panse représentait le tragique festin de noces de Pirithoos, l'invasion des Centaures et la défense improvisée des convives ; sur l'autre sont peints l'érection et le couronnement d'un trépied choragique en présence d'Apollon, de Dionysos, de Niké, Hygia, Paidia, de Komœdia, de Satyres, d'autres personnages encore. La liberté savante de la composition, la vérité des anatomies, la justesse et la variété des attitudes, la richesse des étoffes légères à plis mouvementés et la sûreté du dessin, toute la technique et tout l'art disent la fin du cinquième siècle et le nom du grand peintre céramiste Meidias vient tout naturellement sous la plume. Entre tant de figures si jolies, une se détache et nous charme : la délicieuse Niké qui va couronner le trépied ou lui verser une libation parfumée. Elle s'envole légère et souple, le bras levé, tout le buste reployé en arrière ; son jeune corps qui ondule en courbe hardie transparaît à travers la tunique diaphane qui le dévoile chastement dans toute sa fleur printanière, tandis qu'autour de ses délicats pieds nus un vent divin enfle l'étoffe et la rejette en arrière à grands plis tournoyants. C'est une merveille de grâce et de charme. Une faveur du sort l'a conservée presqu'entière pour l'enchantement de nos regards.

Que si l'on préfère les sévérités de l'art religieux aux élégances praxitéliennes, on admirera la grande beauté d'un ex-voto d'argile, la Déméter du musée des ingénieurs de San Martin. Toute la majesté noble du style classique au milieu du cinquième siècle éclate dans la tête portée haute et droite sur un cou, sur des épaules fortes de caryatide, dont le visage aux traits graves modelés largement, dans l'attitude si simple du corps, d'une très savante pureté de lignes, dans l'ajustement à plis réguliers, sans raideur, de l'ample péplos. Supposez que le temps ait respecté toute la figurine d'Emporion, et restituez la robe brisée en son ampleur de colonne cannelée ; substituez le marbre éclatant à l'argile terne, grandissez la statuette à la taille d'une matrone, dressez-la sur un robuste piédestal dans la cella silencieuse d'un temple dorique, et dites si dans la série pourtant si riche des Déesses-Mères il est une statue d'un art plus puissant, une statue plus sublime.

La promenade d'Emporion s'achève sur cette vision divine ; qu'elle plane sur les maisons et les temples écroulés, sur les tombeaux éventrés qui rendent si mélancolique la colline funéraire, et que Déméter et Niké vivifient et exaltent le souvenir de la ville détruite, la mémoire de ces audacieux marins qu'un avide désir de richesse poussait téméraires et âpres au gain jusqu'aux confins du monde, mais qui, dans leurs voiles intrépides, emportaient un souffle de génie, et qui s'endormaient là-bas, sur la rive étrangère, dans un rêve obstiné de beauté.

Mais des Ioniens de Phocée et de Marseille ne reste-t-il donc que des souvenirs morts, que l'archéologue seul peut rechercher au milieu des ruines ? Non pas : une ville peut périr, abandonnée des hommes, et disparaître sous la montée séculaire de la terre et du sable, mais la race des hommes ne s'éteint pas, même dans les plus affreux cataclysmes ; ils désertent les lieux où ne les retient plus ni l'intérêt, ni l'affection, où la vie n'est plus possible ; les arrière-petits-fils des Massiliens, mêlés aux arrière-petits-fils des Indicètes, ont fui l'Emporion, mais pas bien loin, et s'ils ont emporté leurs pénates, ils ne leur ont imposé qu'un court voyage.

Quand, la mémoire hantée des images antiques, le visiteur d'Ampurias revient à la Escala et, pour attendre jusqu'au soir le départ de la branlante tartane qui doit le ramener à travers l'Ampourdan à Figueras ou San Jordi, promène sa rêverie au bord de la mer retentissante, du vieux port endormi, des gens indolents qui se reposent sous la caresse de la brise émane comme un parfum de très anciennes choses déjà vues, de très antiques êtres déjà connus qui ne peuvent pas périr.

Ce vieux pêcheur à barbe inculte dont les petits yeux vifs pétillent dans le cerne des grosses rides, sous l'ombre du bonnet de laine, vrai bonnet phrygien, n'est-ce pas le rusé Phocéen qui, il y a vingt-cinq siècles, exposait sur le sable d'Indica sa séduisante pacotille, vieux loup de mer, colporteur aux mille ressources, hâbleur subtil et jovial ? Cette vieille solidement charpentée, dont le crâne se devine sous la peau tannée et basanée, dont l'œil fixe avec une curiosité naïve l'objectif du photographe, ne fut-elle pas jadis la sauvage jeune fille ibère attirée sur la plage par les étrangers venus de si loin et vendant de si jolies choses inconnues ? N'est-ce pas au vieux matelot qu'elle acheta les longs pendants en filigrane d'or dont sont surchargées ses oreilles ? Et ces barques tirées au repos et alignées en rangs pressés sur le rivage, la grande voile carguée sur la vergue encore haute, et prêtes aux départs subits, ne sont-elles pas les pentécontères rapides qui dans leurs flancs mystérieux portaient aux barbares d'Occident, avec la clinquante camelote mêlée aux objets précieux, la civilisation pénétrante et l'art vainqueur, et le génie fécond de la Grèce divine ?

BIBLIOGRAPHIE. — FLÓREZ, *Historia Sagrada*, XLII, ch. LXXX. — JAUBERT DE PASSA, *Notice historique sur la Ville et le comté d'Ampurias* (*Mémoires de l'Académie royale des Antiquaires de France*, t. V, 1823). — J. BOTET Y SISO, *Noticia histórica y arqueológica de la antigua ciudad de Emporion*, Madrid, 1879. — J. PELLA Y FORGAS, *Historia del Ampurdán*, Barcelone, 1887-88. — A. SCHUL-

TEN, *Ampurias, eine Griechenstadt am iberischen Strande* (Neue Jahrbücher für das Klassische Altertum. XIX, 1907, p. 334). — PUIG Y CADAFALCH, *Les excavacions d'Empuries* (Anuari de l'Institut d'Estudis catalans, 1906, p. 150) ; *Crónica de les excavacions* (Ibid., 1909-10. p. 706, et 1912, p. 671) ; *Els temples d'Empuries* (Ibid., 1912, p. 303). — R. CASELLAS, *Les troballes escultóriques a les excavacions d'Empories* (Ibid., 1909-10, p. 281). — M. CAZURRO, *Terra sigillata : los vases aretinos y sus imitaciones galo-romanas en Empurias* (Ibid., 1909-10, p. 296) ; *Crónica de las excavaciones d'Ampurias* (Ibid., 1908, p. 558) ; *Guia ilustrada de las ruinas de Ampurias y Costa brava catalana*, s. d. — A. FRICKENHAUS, *Griechische Vasen aus Emporion* (Anuari de l'Institut d'Estudis catalans, 1908, p. 195). — Pierre PARIS, *la Poterie peinte d'Emporion* (Revue archéologique, 1917, p. 75 et s.).

IV

SAGONTE

IV

SAGONTE

Sur le ciel tranquille et doux, en ce jour d'hiver
clément, Sagonte, deux fois héroïque, découpe la
silhouette de son acropole morte. Sur le flanc de la
haute colline allongée qui fut forteresse ibérique,
puis grecque, puis romaine, visigothique, arabe,
espagnole, la petite ville moderne étage tristement
ses maisons, ses couvents, ses églises, ses palais
mornes, endormie dans les souvenirs de sa gloire, et
seule la masse nette du théâtre romain se détache en
force, douloureuse ruine, sur la banalité terne des
constructions qu'elle domine.

La mer, qui s'éloigne depuis des siècles de la digue
montagneuse qui la contenait jadis, refoulée peu à
peu par les atterrissements d'un petit fleuve côtier, le
rio Palancia, la mer qui donnait à la ville sa raison
d'être et sa prospérité, l'abandonne et semble fuir,
séparée d'elle par une large bande de marécages, et

n'est plus à l'horizon déjà lointain que la ligne bleue d'un décor inutile. Plus de port, plus de bateaux ; la plage est morte comme est morte la cidatelle, comme semble morte la ville.

Pourtant la campagne est riche. Les colons de la huerta sont actifs et habiles ; l'olivier, la vigne, l'orange, la figue, la caroube prospèrent, et sans rêver l'opulence de Valence voisine, on peut espérer, dans la revie de l'Espagne laborieuse et sage, une renaissance de la grandeur passée. Sagonte, au jour des invasions barbares, changea pour des siècles son nom fameux en celui de Murviedro, *murus vetus*, la ville aux vieux murs ; mais voici qu'elle a repris son antique appellation sonore, et c'est peut-être, souhaitons-le, le signe et le symbole d'un renouveau de richesse, de prestige et de renommée.

Sagonte, que les Grecs nommaient Ζάκανθα et Σάγουντον, les Latins *Saguntum*, passait, d'après tous les auteurs classiques, pour une colonie de l'île de Zanthe. *Oriundi a Zacyntho insula dicuntur*, ainsi s'exprime Tite-Live ; c'est une fondation des Zacynthiens, κτίσμα Ζακυνθίων, dit plus formellement Strabon. La tradition se précise dans les *Puniques* de Silius Italicus : celui qui donna son nom à la ville fut Zacynthos. « Sur une hauteur en pente douce, non loin du rivage, dit-il, s'élèvent les murailles hercu-

léennes à qui donna leur illustre nom Zacynthos,
enterré au faîte de la colline. Zacynthos accompagnait
Alcide revenant vers Thèbes avec le troupeau après
la mort de Géryon... Le vainqueur, au fort de la chaleur, groupait les bœufs près d'une fontaine, quand
un serpent, déchargeant de sa gorge les poisons
enflammés par le soleil, atteignit d'une blessure mortelle le héros inachien qui le foulait de son pied, et
l'étendit sur la terre d'Ibérie. » C'est Hercule lui-
même qui dressa en l'honneur de son compagnon, au
sommet de l'acropole, le tombeau que les nautoniers
voyaient depuis la mer. Tout cela est un peu obscur,
d'autant que Silius Italicus fait ailleurs invoquer
Alcide fondateur, *Conditor Alcides*, qu'il parle, nous
l'avons vu, des *murs herculéens* et fait plus tard intervenir le gardien vigilant de l'autel d'Hercule, *hercu-
leae custos impiger arae*. Et la confusion redouble
quand Silius, après avoir fait de Zacynthos un Inachien, ajoute que bientôt, poussés par le Notus, abordèrent en ces parages des colons venus de l'île grecque
de Zacynthos.

Ces imprécisions poétiques — Silius a pris beaucoup d'autres libertés avec l'histoire — valent bien
l'affirmation du Lusitanien Bocchus, cité par Pline
l'Ancien, qui plaçait exactement la fondation de
Sagonte deux cents ans avant la chute de Troie, ou
de tel chroniqueur espagnol qui la date sans sour-
ciller de l'an 3100 du monde,

Quoi qu'il en soit, les historiens modernes de l'Espagne n'ont trouvé ni cette origine assez noble, ni cette antiquité assez lointaine. Ils ont fait intervenir, selon leur coutume, l'inévitable Tubal et sa descendance. « Sur sa fondation, dit D. Bernado Espinalt y Garcia, dans son *Atlante Español* (1764), il y a diverses opinions, mais la plus courante est qu'elle date de l'année 1840 du monde. Elle fut édifiée par les Sagas arméniens, race de Tubal, descendants de Sabacius Saga, mot qui se traduit par Saint-Pontife, et ils l'appelèrent Sagonte. Sabacius Saga était un roi d'Arménie, frère du superbe Nemrod, fils de Chus petit-fils de Caïn et fils de Noé. » Quoi d'étonnant alors qu'en 1924 avant Jésus-Christ le roi Salomon ait envoyé Adoniram lever sur les Hébreux d'Espagne une contribution pour construire son temple merveilleux, et qu'Adoniram étant mort à Sagonte on l'ait enterré dans la forteresse ? En 1480, 2504 ans après par conséquent, au temps des Rois Catholiques, on retrouva son corps intact avec ce fragment d'épitaphe hébraïque : *Sépulture d'Adoniram, servant du roi Salomon, qui vint pour lever un tribut, et mourut le...*

Laissons ces fables, nées de l'orgueil des vieux chroniqueurs, et qui s'inventèrent, monotones, pour amplifier et vieillir la gloire de tant de villes. Celles qu'imaginèrent les Grecs et les Romains et qu'acceptèrent volontiers les indigènes sont plus respectables et contiennent d'ordinaire un peu de vérité. L'île de Zante et Zacynthos interviennent sans doute pour expliquer le nom de Zacantha et de Saguntum, et cette fantaisie étymologique est banale. Cependant on ne peut hésiter à admettre qu'il y eut des Grecs à Sagonte, et l'explication du nom suffirait presque à nous en donner la certitude.

D'autre part, il est prouvé que bien avant les Grecs il y eut sur la colline un très antique établissement ibérique, car si nulle part on ne voit signalées, pas même dans la monographie très documentée de M. Antonio Chabret, des trouvailles préhistoriques, du moins il reste des témoins certains d'une importante ville fortifiée, très antérieure à l'époque hellénique. Ce sont deux ou trois tronçons d'une puissante muraille, du genre de celles qu'on est convenu d'appeler cyclopéennes. On trouve ces constructions colossales au sud, à l'est et à l'ouest du castillo, sur le flanc même de la colline, fait surprenant et rare, dont la seule explication plausible est que la ville primitive débordait du plateau qu'encercla plus tard une défense plus légère.

Le voyageur ne peut pas ici, comme à Tarragone, s'émerveiller tout le long d'une haute enceinte ininterrompue, flanquée de tours et de bastions, percée de portes et de poternes, énorme et savante à la fois, que l'effort et l'usure des siècles ont pu seulement découronner par le faîte, mutilée, mais invincible, et dont la base inébranlée supporte en se jouant le léger poids des pierres de taille romaines. Nous ne voyons plus que quelques membres du colosse déchiré

mais gardant encore néanmoins comme le rayonne-
ment de sa force. Ici, moins d'art qu'à Tarragone,
voire qu'à Ampurias, ou, pour mieux dire, moins
d'effort vers l'ordre et la régularité. Les blocs s'entassent en un pêle-mêle enfantin et barbare, les plus
gros souvent par-dessus les plus petits, sans souci
d'alignements ni de files assisées. De minces plaques,
de simples cailloux bouchent les interstices, et nulle
part on ne constate avec évidence les marques d'un
dégrossissement rapide et sommaire. C'est plutôt un
entassement de blocs qu'une muraille, comme à
Gérone par exemple, sans rien qui révèle un plan
ou même une intention d'architecte ou d'ingénieur.
Il semble que les constructeurs aient voulu seulement
boucher, par un amoncellement de matériaux lourds,
les vides qui interrompaient une ligne de rochers
formant une défense naturelle au plateau, et qu'il
s'agisse plutôt d'une adaptation du terrain hérissé de
pierres que d'une véritable enceinte artificielle. De
loin même, ces débris de murailles se confondent avec
les rochers qui, par un jeu de la nature, semblent
eux-mêmes alignés par assises.

Tels qu'ils sont, ils sont loin d'être le plus fort
attrait de Sagonte ; ils ont du moins une grande
valeur de document, puisqu'ils évoquent avec certitude le souvenir d'une ville primitive. Cette ville,
nous trouvons encore la preuve de son existence dans
les monnaies ibériques qu'on lui attribue sans conteste. Très répandues en Espagne, car on en ramasse

un peu partout, elles portent au revers un mot que
l'on transcrit par ARSE. Quelques numismates ont
voulu y voir une traduction du mot latin *arx*, citadelle. Cette mention correspondrait au nom de Byrsa,
par exemple, sur les monnaies de Carthage, ou signi-
fierait seulement que l'atelier monétaire de Sagonte
était situé dans sa forteresse. Mais cette explication
semble d'autant plus fantaisiste que plusieurs villes
de la Péninsule, — au moins trois, — portèrent ce
nom. Au droit d'un certain nombre de pièces on lit
en exergue d'autres noms ibériques, mais qui sont
certainement des noms de magistrats ou de fonction-
naires monétaires. Le nom ibérique de Sagonte était
donc Arse.

Cependant, il y a une grave difficulté, jusqu'à présent
insoluble, et qui ne se présente que pour notre ville :
c'est qu'il n'y a absolument aucun rapport entre ce
nom et celui de Saguntum, qui n'est pas moins certain
que lui. On pourrait croire que ce nom lui a bien été
donné par une colonie grecque, une colonie de Zanthe ; mais il se serait alors substitué au premier, du
moins sur les monnaies bilingues de l'époque romaine,
ce qui n'est pas. De plus et surtout il est impossible de
ne pas reconnaître dans le nom de Sagonte lui-
même une appellation ibérique au même titre que
dans le mot Arse. Les villes ibériques dont le nom
a pour élément principal *Sag* ou *Seg* sont nombreuses en Espagne : les monnaies et les textes
nous en font connaître treize, sans compter Arse,

par exemple Segontia, Seguntia, Segovia, Segorbe, Segobriga.

Peut-être pourrait-on admettre que le nom d'où est sortie la forme romaine Saguntum était un ethnique, et que la ville s'appelait, pour la distinguer de ses homonymes, Arse des Sagontins, sans qu'il fût nécessaire d'inscrire officiellement cette double mention sur les monnaies dont l'attribution ne pouvait être mise en doute.

Ajoutons que Sagonte a donné plus d'inscriptions ibériques que n'importe quelle localité d'Espagne, et ce serait une autre preuve concluante de l'origine de la ville si l'on pouvait affirmer que ces textes lapidaires sont antérieurs à toute venue d'étrangers. Mais tant que l'écriture des Ibères restera mystérieuse de tels documents seront sans valeur.

Les indigènes d'Arse eurent très probablement des rapports avec les Phéniciens, comme les habitants de toute cette côte orientale. La tradition classique, dont il faut tenir compte, nous en donne assez évidemment la preuve, à défaut de documents archéologiques.

Les historiens sont d'accord que lorsqu'Hercule intervient dans les légendes ibériques, il s'agit non d'Héraclès, mais de Melkart, non du héros grec, mais du dieu tyrien. Il symbolise, dans la Péninsule, les comptoirs de commerce, ou plus simplement les escales des intrépides caboteurs orientaux. Rien d'étonnant qu'à Arse comme à tant d'autres ports les Phéniciens aient abordé maintes fois pour écouler leur fructueuse pacotille et charger leurs vaisseaux de métaux précieux. Sans doute, d'ailleurs, le prétendu *Tombeau d'Hercule* dont parle Silius Italicus n'est-il qu'une de ces nombreuses tours de guet ou qu'un de ces phares qui, sur les côtes espagnoles, portent encore le nom de *Tour d'Hercule*. Un autre témoignage plus concret se trouve dans les monnaies qui rappellent l'alliance monétaire d'Arse avec Gadir, alliance que le commerce suffirait seul à expliquer, mais qui avait d'autant plus de raison d'être que les deux villes étaient plus unies par une communauté de race et de colonisation.

Quant aux Grecs, ils ont personnifié en Zacynthos le compagnon d'Hercule, que Silius Italicus appelle *inachius*, c'est-à-dire *argien*, et non *zacynthien* ; c'est pour cela, d'ailleurs, que le poète a soin de faire survenir, après la mort du héros, une troupe fortuite de Zacynthiens. Tout cela rend l'origine zacynthienne bien douteuse, et nous nous demandons si plus naturellement on ne devrait pas voir dans Sagonte un comptoir des Phocéens, peut-être même des Marseillais. Il est assez loisible d'admettre que ces habiles colonisateurs, qui s'établissaient aux meilleures stations de la côte, ne manquèrent pas de nouer des relations avec l'une des villes indigènes les mieux situées et les plus riches ; Sagonte serait la sœur ou la cousine d'Emporion, de Ménacé, d'Abdéra et de l'Héméroscopion. Sans doute il est surprenant, s'il en fut ainsi, que son nom ne figure pas auprès des autres dans les textes classiques ; mais les auteurs ont pu l'omettre par scrupule et respect de la tradition zacynthienne, à laquelle ils sacrifièrent aisément une histoire un peu obscure. Ce qui nous incite à proposer cette hypothèse, c'est particulièrement l'étroit rapport qu'il y a entre le monnayage d'Arse et celui d'Emporion, rapport que n'ont pas manqué de noter tous les numismates. La plus ancienne monnaie de Sagonte est même regardée comme contemporaine des plus anciens types de Marseille et d'Emporion, et comme antérieure à la seconde guerre punique.

Les Grecs ont d'ailleurs laissé fort peu de traces de leur passage. Cependant leur établissement était de grande importance. Ils y avaient construit un temple consacré à Artémis, et cela, d'après un témoignage de l'historien Bocchus cité par Pline, dès l'origine même de la colonie. C'est là encore un autre argument de grande force en faveur de notre hypothèse phocéenne, car il ne semble pas discutable qu'il s'agisse de l'Artémis éphésienne, la même qui fut installée à Emporion et au Dianium. Pline vit lui-même le sanctuaire et le situe *infra oppidum*, c'est-à-dire sur le flanc de la colline ; il parle de poutres de cèdre incorruptibles, conservées encore de l'édifice primitif. Au dix-septième siècle on lisait sur une

corniche, paraît-il, les mots TEMPLUM DIANAE et
l'inscription rituelle :

DIANAE MAXIMAE
VACCAM OVEM ALBAM PORCAM

On a conservé aussi la mémoire de trois dédicaces
de l'époque romaine : une quatrième subsiste encore,
émanant d'un collège de dévôts de la déesse, ce qui
établit bien que le culte resta florissant à travers les
vicissitudes séculaires de Sagonte.

Comme il était naturel, on a recherché l'emplacement du temple, et l'on a cru le reconnaître en deux
ou trois sites divers. Il se trouvait, selon les meilleures
probabilités, près de la cathédrale, où un mur du
moyen âge conservait de grosses pierres d'un appareil
assez primitif, mais régulièrement taillées et de
bonne technique, qui semblaient bien les débris
d'une construction grecque. Mais ce mur a été tout
récemment démoli ; il n'en reste plus trace.

Près de Sagonte il existait un autre temple d'origine hellénique, un temple d'Aphrodite, dont il est
fait dans Polybe une mention si précise qu'on en a
pu fixer l'emplacement à cinq milles romains de la
ville, au nord, et à un kilomètre d'Alménara. Il
dominait la plaine marécageuse, ou *albufera*, semée
de vagues étangs où l'on veut reconnaître l'ancien
port.

En 1799 D. Vicente Pla y Cabrera et D. Juan Bau-
tista Figols, curé d'Alménara, faisant quelques

fouilles superficielles sur le plateau de la colline appelée *dels estanys* (des étangs), reconnurent un pavement formé de pierres irrégulières et de briques, et recueillirent des urnes cinéraires, des tuiles sépulcrales, des tessons de poteries, avec des fragments architecturaux et épigraphiques. L'un de ces derniers est une dédicâce *Veneri Sanctae*, ce qui ne laisse aucun doute. Le comte de Lumiares, informé, célébra en termes pompeux cette découverte « qui remplira ses auteurs d'une gloire immortelle parmi les savants ». Promesse bien téméraire, car Pla Cabrera et Figols sont et resteront très obscurs.

Selon ces visiteurs de jadis, et selon le docteur Chabret, l'historien de Sagonte, dont le livre a paru en 1888, le temple était rectangulaire, orienté de l'ouest à l'est ; un escalier lui donnait accès sur la façade. Mais les murs qui subsistaient, à peine élevés d'un mètre, formés de lits irréguliers, ne permettaient guère d'en retrouver le plan, car ils n'étaient peut-être qu'un soubassement. A en juger par le tracé que nous en connaissons, on dirait plutôt une église chrétienne qu'un temple païen. Ne savons-nous pas d'ailleurs que plus d'une fois une chapelle de la Vierge Marie s'est élevée sur les ruines d'un sanctuaire de Vénus ?

A gauche de cet édifice se trouvait une petite esplanade sommairement pavée sur laquelle étaient cinq piédestaux, ou plutôt cinq cippes en marbre bleuâtre du pays, disposés sur deux lignes parallèles.

M. Chabret n'en a plus noté que trois, fort endommagés. Du temple même il ne signale avec quelque certitude qu'un chapiteau de pilastre très intéressant, d'un style ionique dégénéré, qui porte sur la tête des volutes deux rosaces simples, et sur la bande qui les sépare un gouvernail entre deux dauphins. Ces attributs se rapportent bien à Vénus Marine ; on retrouve le dauphin, le gouvernail ou la rame sur les monnaies de Sagonte et d'Emporion.

A notre tour nous nous sommes arrêté à Alménara ; nous avons atteint la colline et cherché le temple. Qu'ils fassent l'excursion, ceux qu'attirerait un lamentable exemple d'abandon et de barbarie. Ce n'est plus, au-dessus des étangs couverts de roseaux où se devinent les bassins d'un ancien port, qu'un amas confus de moellons disjoints et de pierres de taille descellées, et, tout autour du promontoire, dans les murs bas qui séparent les héritages, ou dans les champs, à fleur de terre, un chaos de pierres et de dalles dispersées. Des piédestaux brisés à coup de masses il ne reste que deux ou trois éclats de corniche ; le chapiteau a disparu, mais, par bonheur, il n'est pas perdu ; nous l'avons vu soigneusement conservé et en bonne place dans la gracieuse et hospitalière maison du docteur Luis Cebrián à Alménara.

Il faut, pour effacer la triste impression de ce vandalisme, le charme de la promenade au pied des collines pauvres ; leur pente pierreuse et sèche contraste avec la richesse de la plaine semée de vignes et d'orangers, dont les cimes vertes mouchetées d'étoiles d'or ondulent jusqu'au bord de la mer bleue, et le panorama tout proche du *Punt del Cid* qui déroule ses crêtes couronnées de mystérieuses murailles jusqu'au castillo pittoresque d'Alménara.

Ce Punt del Cid, est-ce, comme on l'a dit, le camp hivernal de l'armée des Scipions, ainsi que l'on voit autour de Garay les camps du vainqueur de Numance ? Est-ce, d'après le nom traditionnel, l'établissement de D. Rodrigue de Bivar, lorsqu'il fit le siège d'Alménara ? L'un et l'autre sont peu probables, car pas un débris céramique n'indique une occupation romaine, et ni les auteurs chrétiens ni les arabes ne parlent d'un tel campement, qui d'ailleurs n'était pas d'usage à l'époque du Cid. Pour nous, il nous semble reconnaître dans cette vaste enceinte un de ces antiques abris fortifiés dont il subsiste un grand nombre en Espagne, où les tribus ibériques se réfugiaient dans les hauteurs, avec leurs troupeaux, sous la menace des invasions. Le voisinage de la mer et la crainte des débarquements d'étrangers brutaux et pillards rendaient ces refuges plus nécessaires, et l'existence de celui d'Alménara n'a rien qui puisse nous surprendre.

Quoi qu'il en soit, dans la molle concavité des deux collines qu'embrasse la muraille, face à la Méditerranée, à peine quelques tas de décombres semblent marquer l'emplacement de rares et vagues maisons construites en pierres sans ciment. Mais de l'enceinte même, qui suit le faîte et descend jusqu'au bord de la plaine, dessinant comme la forme d'un immense théâtre, il subsiste de longs tronçons avec les plus basses assises de seize tours carrées qui la défendaient. Une porte restait encore, il y a quelques années, au point le plus bas, au niveau même de la plaine, et si la muraille venait ainsi raser la plate campagne, c'était assurément pour que les gens enfermés pussent atteindre plus aisément les sources proches et regagner plus promptement l'enceinte sûre.

La muraille elle-même, épaisse de plus d'un mètre, est faite de pierres simplement empilées sans ordre, non taillées, mais assez habilement parées sur la face extérieure. Flanquée de ses nombreux bastions, elle était puissante, et malgré l'abaissement dangereux de ses pentes jusqu'à la plaine, la retraite était facile à surveiller comme à défendre. Aujourd'hui ce n'est plus qu'un chaos inutile et désert où dans une grande paix rustique, parmi les buissons rares où les perdrix rappellent, où sautent en boules grises piquées d'un point blanc les lapins folâtres, l'odorant *tomillo* parfume les souvenirs d'un passé mystérieux.

Pour revenir à Sagonte, il est notable que ni la ville indigène ni la colonie grecque n'aient laissé d'elles, pour ainsi dire, aucun souvenir archéologique. Nous avons déjà dit que les inscriptions ibériques ne peuvent pas être datées ; elles sont peut-être de l'époque romaine. Il en est de même d'un mauvais bas-relief représentant un personnage nu, dont il est difficile de dire le sexe, debout entre deux animaux dressés qu'il tient par la tête, et dans lesquels on peut aussi bien voir des chevaux ou des chiens que des ours. Le monument, plusieurs fois égaré, puis retrouvé, connu seulement par de mauvais croquis, semblait à jamais perdu ; mais nous croyons l'avoir identifié au Musée municipal de Barcelone. Faut-il songer à quelque πότνια θηρῶν ?

Pouvant se rapporter à la Grèce, nous ne connaissons que par ouï-dire ou par des dessins deux chapiteaux ; on en conserve heureusement un autre, de plus grande valeur, de curieux style ionique. C'est un chapiteau de colonne, ayant sur chaque tête de volute un dauphin dans un cercle, une coquille entre les volutes, et un tour d'oves à la naissance du fût. De plus, il existe deux chapiteaux corinthiens avec leurs colonnes dans les constructions de la Plaza Mayor et de la pêcherie. La coquille du chapiteau ionique se voit, comme le dauphin et le gouvernail, sur le chapiteau d'Alménara, et aussi sur un cartouche sculpté, malheureusement perdu, mais plusieurs fois dessiné avec soin, que l'on avait exhumé de ruines romaines. C'étaient là, on peut le supposer, comme les armes parlantes de la cité.

Enfin nous sommes très surpris que l'on n'ait pas recueilli à Sagonte le moindre fragment de vase grec ; du moins nous ne sachons pas que l'on en ait signalé aucun ; ce seraient là pourtant des documents indispensables pour jeter quelque lumière sur l'obscurité où nous nous débattons. Si le sol de la ville n'a rien donné, on peut espérer qu'il n'en sera pas de même des plus antiques nécropoles, si l'on a quelque jour la chance de les découvrir. Il est du moins un fait curieux, qui n'a pas encore attiré l'attention. Si la riche épigraphie sagontine nous fait connaître quelques inscriptions ibériques et de nombreuses inscriptions romaines, nous ne connaissons pas un seul texte grec ; il est vrai qu'Emporion elle-même ne nous a donné que quelques vagues épitaphes. Mais si l'on parcourt la longue série des inscriptions latines, on est frappé de voir des noms grecs sans cesse mêlés aux noms romains. Nous en avons compté rapidement plus de cinquante en parcourant le *Corpus*, et en voici quelques-uns comme exemples : *Philocomus, Eunomus, Zozimus, Plutarchus, Halys, Polyanthus, Xanthus, Eros, Hermeros, Meleager*, voilà pour les noms d'hommes ; *Euche, Nymphidias, Charite, Phoebas, Hygia, Pindara, Nereis, Asterope, Myrine, Nephele*, voilà pour les femmes. Un très grand nombre de ces noms sont des noms d'affranchis et d'affranchies, mais beaucoup aussi sont des noms d'hommes et de femmes libres. Les noms d'affranchis ne sont pas d'une grande valeur documentaire ; mais il n'en est peut-être pas de même des autres, dont la proportion est moindre même à Tarragone, où l'épigraphie est si abondante. Peut-être à Sagonte, comme dans les autres villes grecques ou plus ou moins hellénisées de la côte, ces noms sont-ils une survivance de l'époque grecque, et, comme ils sont presque toujours hybrides, c'est-à-dire complétés par un nom romain, un témoignage d'unions gréco-romaines.

De l'histoire politique de la ville ibérique, de l'histoire de la ville grecque nous ne savons rien, sinon qu'elles furent prospères. Lorsque le nom de Sagonte devient tout à coup illustre dans l'histoire romaine, Tite-Live nous apprend que c'était de beaucoup la plus opulente des cités d'en deçà de l'Èbre, et que ses richesses s'étaient grandement accrues soit par les gains terrestres et maritimes, soit par le développement de sa population et la pureté de ses mœurs. Lorsque nous entendons pour la première fois parler d'elle, c'est au début de la seconde guerre punique. Sa gloire devient alors si noble et si haute qu'il faut, au moins à grands traits, raconter les événements du siège et la ruine qui ont rendu son nom immortel à l'égal de celui de Numance.

Comment et pourquoi, en 221, quand Hannibal, violant les traités, ouvre en Espagne ses terribles hostilités contre Rome, trouvons-nous Sagonte assez intimement liée à la cause romaine pour résister au jeune capitaine? Rien ne nous le dit. Cependant

nous savons par une affirmation formelle de Tite-
Live que la ville des Édétans — ainsi s'appelait la
peuplade dont Sagonte était la capitale — avait
depuis très longtemps des relations avec l'Italie, et
plus que des relations, puisqu'aux Ibères et aux
Grecs s'était jointe à une époque indécise une colonie de Rutules d'Ardea. D'aucuns même ont
voulu voir dans le nom d'Arse un témoignage possible de ce fait.

Ce qu'il y a de certain, c'est qu'Hamilcar, lorsqu'il
fit après la première guerre punique la conquête
d'une grande partie de l'Espagne, puis Hasdrubal,
n'entreprirent rien contre les Sagontins. On sait que
ce dernier, plus diplomate que guerrier, signa en 226
avec Rome, qui sur la terre ibérique se retrouvait
face à face avec Carthage, un traité établissant à
l'Èbre une limite qu'aucun des deux ennemis ne
devait franchir. Tite-Live et Appien déclarent même
que l'indépendance de Sagonte devait être respectée,
et cela d'ailleurs ressort des faits eux-mêmes. Il y a
plus, et l'on peut dire que le territoire de la ville
n'était pas neutralisé, mais restait sous l'influence et
la protection de Rome son alliée.

Hasdrubal comptait sans doute sur Carthagène qu'il
venait de fonder pour contrebalancer l'importance du
port des Édétans. Mais Hannibal n'a pas de ces calculs, et des traités peu lui chaud : Sagonte, pour lui,
c'est Rome, et Rome est sa haine héréditaire : il
attaque Sagonte qui ne veut pas trahir ses amis.

Comme le dit Silius Italicus en un vers obscur, mais vigoureux, *extremis pulsat Capitolia terris*, au bout du monde c'est le Capitole qu'il frappe. D'ailleurs peut-il tolérer ce coin romain enfoncé dans sa chair ibérique, et quand ses vastes desseins et son génie vont l'emporter à travers les Pyrénées, la Gaule et les Alpes vers l'objet de ses rêves et de son ambition passionnée, peut-il laisser derrière lui cette cité forte par sa richesse, ce port qui pouvait recevoir en quelques jours les vaisseaux envoyés des rivages italiens ?

Hannibal attaque donc Sagonte, sans hésitation, sans scrupule, sous un prétexte quelconque. En une nuit, en personne, il en ravage le territoire et de ses machines en bat les murs. Du coup c'était la guerre avec Rome : Hannibal le savait et la voulait.

L'attaque brusque échoua. Les Sagontins, bien qu'il y eût parmi eux un parti carthaginois, avaient d'un commun accord fermé les portes de leur forteresse. Le premier assaut rompu, ce fut le siège, non le siège lent et sournois, mais le siège violent, tout en ruées, en sorties et en batailles. L'agression injuste fit l'union : le sang ibère, que la prospérité grecque n'avait pu amollir et corrompre, se réveilla, ardent et combatif. Huit mois, peut-être neuf, une poignée de héros résista à cent cinquante mille hommes, que dis-je ? à Hannibal. Le nombre, la ruse, la force, une fois de plus, vainquirent ; Sagonte tomba, Sagonte fut dévastée, massacrée, détruite, mais sa chute, sa dévastation, son massacre sont un triomphe sublime.

Rome, en cette aventure, fut sans force, sans décision, sans grandeur. Prévoyant l'agression prochaine, les Sagontins s'étaient tournés vers elle. A l'ambassade réclamant un prompt secours le Sénat oppose des discours, des hésitations, des discussions, une contre-ambassade ridicule en Espagne pour avertir Hannibal d'avoir à ménager la ville alliée, en Afrique pour aller se plaindre à Carthage du viol de traité que médite son général : Hannibal déjà encerclait Sagonte et la pressait rudement.

D'abord, profitant du lieu où la citadelle s'unissait à la plaine par une pente moins abrupte, il tâcha d'approcher ses mantelets pour battre les murs à coups de béliers. Mais là même le mur était haut ; une grande tour le dominait, les meilleurs soldats veillaient. Les traits lancés par nuées préparaient les sorties des défenseurs, les sorties audacieuses où tombaient autant de Carthaginois que de Sagontins. Et voici que le chef lui-même, menant l'assaut, eut la cuisse percée d'un trait, que ses soldats s'enfuirent en panique, et peu s'en fallut que l'adversaire ne s'emparât des machines d'approche.

Ce fut la fin du premier acte, suivi d'une sorte de trêve, ou du moins d'un siège sans assauts. Les forces bientôt réparées de part et d'autre, la lutte recommença plus ardente. Chez tous même audace et même courage, mais les Carthaginois avaient le nombre. Le mur enfin fut efficacement attaqué par les béliers, des brèches s'ouvrirent, trois tours tombèrent avec les lignes d'enceinte qui les joignaient, dans un fracas épouvantable. Les assiégeants se précipitèrent, croyant la ville prise ; mais les défenseurs, calmes, ordonnés, comme en rase campagne, massés dans l'intervalle laissé libre entre la fortification abattue et les maisons, faisaient de leurs corps un mur vivant. Beaucoup tombèrent, car nul trait ne se perdait, mais pas un ne recula. La falarique sagontine, javelot enflammé et incendiaire, perçait les boucliers, brûlait les corps, semant la terreur. Les Carthaginois, rejetés en déroute, s'enfuirent jusqu'à leur camp.

Nouvelle trêve. Les envoyés de Rome arrivaient ; il était bien temps ! Hannibal dédaigneux leur fait dire qu'il a bien autre chose à faire qu'à les recevoir, et ils se dirigent vers Carthage, où ils essaieront en vain d'obtenir le rappel de l'ennemi qui se révèle d'audace si redoutable.

Celui-ci cependant, après quelques jours de repos, enflamme ses soldats par l'espoir du pillage et du riche butin qu'il promet de leur abandonner. « si bien, dit Tite-Live, que s'il eût à l'instant donné le signal de l'assaut, rien n'aurait résisté à leur ardeur ». Mais de leur côté les Sagontins s'étaient préparés par un effort de jour et de nuit ; ils avaient relevé l'enceinte détruite. Le nouveau choc fut plus terrible que les précédents. Hannibal, dressé au sommet d'une tour mobile qui dominait les défenses ennemies, exhortait les siens, désignait les points faibles, et lui-même ébranlait le mur à coups de catapultes et de balistes, tandis que cinq cents Africains le sapaient à la base. Par les brèches multiples les Carthaginois se ruaient dans la ville ; mais les assiégés impro-visaient de nouveaux obstacles et luttaient avec un non moindre acharnement. Peu à peu la ville se resserrait, diminuait, et chaque jour elle souffrait un peu plus de la disette. Elle résistait pourtant, sans faiblir, attendant l'illusoire secours de Rome loin-taine.

Ces vaillants eurent un moment d'espoir : tout à coup Hannibal s'éloigna pour aller mettre à la raison les Orétans et les Carpétans insurgés. Mais l'étreinte du siège ne se desserra pas. Maharbal, fils d'Himilcon, était un lieutenant digne de son général. Quand celui-ci revint, de nouveaux trous étaient ouverts dans la muraille. Un coup de force, un combat acharné conquit tout un morceau de la forteresse.

C'est alors qu'un Sagontin, Alcon, peut-être un Grec, entrevit un espoir de paix. A l'insu de ses com-patriotes il alla supplier Hannibal ; mais celui-ci, inflexible, proposa des conditions si dures qu'Alcon, n'osant les rapporter aux siens, préféra rester au camp de l'ennemi. Hannibal exigeait la restitution aux Turbolétans — Tite-Live dit par erreur les Turdé-tans — de tout ce que les Sagontins leur avaient pris (ç'avait été là le prétexte de la guerre) et les Sagontins eux-mêmes devaient livrer tout leur or, tout leur argent, tant public que privé, et, abandonnant leur ville avec quelques vêtements pour tout équipage, s'aller établir où il semblerait bon au vainqueur.

Un Ibère, Alarcon, soldat d'Hannibal, mais qui avait des amis dans Sagonte dont il était l'hôte, se chargea d'aller convaincre les assiégés. Introduit dans la place en parlementaire, il harangua le Conseil à portes closes, lui montra la situation désespérée de la ville, les violences qui la menaçaient si elle ne se rendait pas même aux plus dures conditions.

Et quand le peuple fut informé, voici ce qui se passa, selon le sobre et dramatique récit de Tite-Live : « Subitement un groupe de gens, avant que la réponse ne fût donnée, vont chercher tout l'or et tout l'argent public et particulier, l'apportent sur la place et le jettent dans un grand feu improvisé, où beaucoup se précipitent eux-mêmes. Aussitôt l'épouvante et la confusion s'emparent de toute la ville, et voici qu'un autre bruit tumultueux s'abat de la forteresse : une tour longtemps battue s'écroulait, et à la faveur de sa chute une cohorte de Carthaginois se précipitait. A ce signe que la ville n'avait plus ses postes et ses vigies accoutumées, Hannibal, sans hésiter, l'attaqua avec toutes ses forces, donnant l'ordre à l'instant de massacrer tous les hommes pubères, ordre cruel, certes, mais rendu presque nécessaire ; comment épargner des gens qui, enfermés dans leurs maisons avec leurs femmes et leurs enfants, les brûlaient avec eux-mêmes, ou, jouant de leurs armes, ne cessaient de combattre qu'en mourant ? Sagonte fut prise, avec un grand butin. »

« Les habitants avaient beaucoup détruit; la fureur du massacre n'avait fait grâce à aucun âge, et les soldats s'étaient adjugé les captifs. Cependant il est certain que le vainqueur retira beaucoup d'argent de ce qu'il vendit, et envoya à Carthage une foule d'objets précieux. »

Diodore de Sicile et Appien nous apprennent quelques horribles détails : ils disent que les Sagontins, avant de mourir, firent une sortie désespérée et sanglante, vengeant noblement leur trépas, et pour échapper à l'esclavage, beaucoup se percèrent de leur propre épée, tandis que leurs femmes, ne voulant pas survivre au désastre, se précipitaient du haut de la citadelle ou s'étranglaient de leurs propres mains, après avoir tué leurs enfants. Cet héroïsme tragique laissa dans la mémoire des générations comme un frisson d'épouvante, et l'imagination populaire créa cette ridicule, mais expressive légende, qu'au spectacle de ces horreurs un enfant qui naissait rentra épouvanté dans le sein maternel.

Sagonte mourut dans le sang et la gloire, pour la foi jurée et pour la liberté, comme mourut aussi Numance d'une mort plus atroce encore et plus grandiosement barbare. Mais de telles morts ne sont pas éternelles. Sagonte se releva du désastre, et deux mille ans plus tard un autre siège, moins sauvage, non moins épique, mit au front de Sagonte devenue Murviedro une nouvelle couronne de martyre héroïque. Le vieux sang ibéro-grec s'enflamma une fois de plus pour la liberté ; Sagonte, une autre fois, malgré son courage sublime, succomba. Deux mille défenseurs mal instruits et mal armés, enfermés dans un vieux castillo démantelé, ne pouvaient longtemps résister aux vingt mille soldats aguerris de Suchet. Mais ils vendirent chèrement leur vie, comme leurs aïeux. Les exploits antiques se renouvellent : les assiégés, derrière la ruine de leurs murs, offrent la barrière infranchissable de leurs corps, repoussent assaut sur assaut, font des carnages des assaillants. Et quand, toute résistance étant impossible et inutile, fut acceptée l'honorable capitulation, le héros de Murviedro, Andriani, glorieusement vaincu, brillait aussi éclatant dans l'histoire nationale que les héros anonymes de Numance et de Sagonte.

L'Acropole des héros sagontins, le castillo des héros de Murviedro n'est même plus aujourd'hui un poste militaire. Les derniers garnisaires — ils étaient quelques rares soldats inutiles et un officier végétant en un stérile et mortel ennui — l'ont laissé à son lamentable sort de ruine à l'abandon ; ruine malaisément accessible, car le fort, non déclassé, est soumis, par on ne sait quelle routine falote, à la con-

signe d'un gardien rigoureux. On ne peut — en principe — le visiter qu'avec un laissez-entrer du Capitaine
Général de Valence, qui d'ailleurs ne le refuse jamais.

Par bonheur, c'est surtout la promenade autour du
castillo qui a du prix pour le touriste archéologue.

Sans doute il est intéressant d'errer de l'un à l'autre
faîte crénelé (car l'enceinte embrasse deux collines
conjuguées dont les têtes se dressent en promontoires
sourcilleux) ; de suivre le chemin de ronde que
bordent tour à tour les murs de pierres, les murs de
moellons, les murs de terre, romains, arabes ou espagnols : de fouler le sol désert des places d'armes où
ne restent pêle-mêle que les débris confus de tant
d'histoire, de tant de drames et de gloires séculaires ;
il est passionnant de scruter, livres en main, les mouvements du plateau et les accidents de la muraille
pour évoquer et situer les épiques épisodes des sièges
surtout il est doux et reposant d'admirer du haut des
observatoires silencieux le tableau changeant de la
plaine profonde et de la mer lointaine, le demi-cirque
des monts pelés et rudes qui ferment l'Occident, et
là-bas, tout là-bas, vers le sud lumineux, la huerta
moutonnante où par les matins purs les clochers de
Valence piquent le miroitement métallique de leurs
faïences azurées.

Mais c'est en dehors, au pied des murailles, que
s'évoquent les souvenirs précis de la plus antique
Sagonte. De l'enceinte cyclopéenne, nous l'avons dit,
il ne reste que de rares vestiges ; de l'enceinte grecque,

s'il y en eut une, rien ne semble subsister. Mais la base de l'enceinte romaine, murailles et tours, s'est du moins conservée, non pas complète, mais par tronçons plus ou moins étendus, qui attestent la force résistante d'une construction régulière et savante.

Près de la porte d'entrée, souvent modifiée, et dont le pont-levis paralytique ne se lève plus, le mur se dresse haut encore, étayé de contreforts robustes, gardant rongées et disloquées à peine, noircies ici par les intempéries, là dorées par le soleil, ses grosses pierres de taille assisées en bel ordre. Plus loin deux ou trois, plus loin encore cinq ou six files bien alignées ont seules résisté aux assauts du temps et des hommes, supportant légèrement la friable et croulante *tapia* des fortifications arabes. Ici ou là un bastion avancé, en dehors de la forteresse, et même assez bas sur la pente, n'est plus que le soutien pacifique d'un peu de terre amoncelée à dure peine, où pousse un olivier chétif.

⁂

Partout, sur les penchants du castillo, le sol dont les maîtres labourent et plantent les moindres épaisseurs est semé de tessons moins menus, mais aussi nombreux que les grains de sable de la plage. Triturés par la charrue, délavés par les pluies au cours de longs siècles, ils ne sont plus qu'une poudre obscure de poteries plus ou moins simples ou décorées. C'est à grand'peine que nous y avons pu ramasser quelques débris de pots ibériques, aux dessins linéaires si particuliers. Chose étrange, les fragments de ces vases si jolis et si délicats auxquels Sagonte a donné leur nom espagnol, le *barro saguntino*, pourtant si visible, rouge vif et luisant sur la terre grise, y sont pour ainsi dire inconnus. Nous n'en avons trouvé en plusieurs heures que deux ou trois éclats minuscules ; mais sans doute cette rareté est due à ce que mille et mille promeneurs ont recueilli depuis des siècles les petits morceaux épars dont la couleur, les ornements et les figures en reliefs, ainsi que les estampilles, frappaient leur attention. Nous savons, en effet, que si cette céramique n'a jamais été aussi abondante dans les ruines de Sagonte qu'à Emporion ou à Tarragone, pour ne parler que de cette région, elle n'y a pas toujours été aussi rare qu'aujourd'hui ; il exista, par exemple, au Musée de la Bibliothèque archiépiscopale de Valence, une collection de marques estampillées importante, qui disparut lors du siège de cette ville par les Français, en 1812 ; le fils du docteur Chabret en garde encore un certain nombre à Sagonte avec les autres antiquités que lui a léguées son père, et celui-ci même, dans sa belle Histoire de la ville, en reproduit 245, les unes déjà publiées par Lumiares, les autres provenant du cabinet de D. Francisco Caballero Infante et du sien propre.

Ce n'est pas ici le lieu de reprendre l'histoire de la poterie sigillée, dont l'étude est maintenant faite et bien faite. Notons seulement qu'il est étrange que le *barro saguntino* soit en somme rare à Sagonte. Les auteurs anciens semblent pourtant très affirmatifs : les poteries sagontines sont louées par Pline l'Ancien parmi les plus connues du monde, à côté de celles de Samos en Grèce, d'Arretum (Arezzo), Surrentium, Hasta, Pollentia en Italie, Pergame en Asie Mineure ; Juvénal cite les *bouteilles sagontines* ; l'espagnol Martial ne manque pas de citer souvent les *pocula* façonnés avec la boue (c'est le mot que traduit le castillan *barro* de Sagonte.

Mais est-il juste de reconnaître justement la poterie spéciale aux fabriques de Sagonte, les *lagenae*, les *pocula* si répandus dans le monde romain, dans la jolie vaisselle rouge dont les principaux ateliers, maintenant bien connus, se trouvaient en Italie et en Gaule ? Parmi les marques relevées par M. Chabret le plus grand nombre proviennent de récipients importés d'Arezzo ou de la Graufesenque, c'est-à-dire d'Italie et de Gaule, et comme il ne peut être question de mettre en doute les témoignagnes des auteurs romains, il faut bien admettre que l'on n'a pas encore identifié la véritable poterie sagontine.

Peut-être n'a-t-on pas assez remarqué, d'ailleurs, que ce devait être une vaisselle assez grande et commune, très différente de la délicate vaisselle sigillée, car Juvénal satirise un banquet où les convives se jettent à la tête des bouteilles sagontines, et Martial recommande de ne confier aux esclaves peu soigneux

que des coupes façonnées avec la boue de Sagonte,
tandis qu'ailleurs il parle d'une amphore espagnole
que tourna un rude potier sagontin. Tout cela s'ap-
plique mal aux précieux plats, bols ou gobelets, qui
sont les chefs-d'œuvre de la plus subtile technique et
du goût le plus raffiné. Mais des fouilles seules en
pleine ville, ou l'heureuse trouvaille fortuite d'un
four antique, pourront quelque jour résoudre l'intéressant problème.

Plus passionnante que la chasse aux miettes de
barro saguntino, passe-temps d'archéologue, parmi
les éboulis du castillo, est la visite du théâtre romain
qui, sur le penchant de la forteresse, dominant la ville,
ouvre sa grande conque dévastée aux caresses du soleil.

La ruine grise est protégée des déprédations mal-
faisantes par un mur maladroitement crépi de blanc,
nécessaire peut-être, mais du plus lamentable effet.
En sa prison mesquine elle porte superbement le souvenir des grandeurs et des fêtes passées, malgré les
outrages barbares qui l'ont mutilée et dégradée.

Les habitants de Murviedro surent, pendant des
siècles, utiliser sans respect le colosse de pierres, établissant des logis économiques partout où la disposition était propice ou arrachant des matériaux pour
construire les maisons nouvelles de leur ville.

Un jour même la destruction menaça, complète
et définitive. Un fils de Sagonte, le docteur Palos, fut
nommé par Charles IV conservateur de toutes les
antiquités de la cité, et l'on pensa que le vandalisme
allait cesser. Mais lorsqu'en 1811, pour résister à l'invasion française, on décida de mettre le castillo en
état de défense, l'ingénieur Francisco Jaramillo ré-
clama la destruction du théâtre qui gênait ses plans.
Palos envoya aux Cortès de Cadix une réclamation
éplorée, mais énergique ; le 27 mai, un député de
Valence, D. Javier Borrul, dont le nom mérite de ne
pas périr, le soutint en s'indignant : « Si la patrie
l'exige pour résister aux phalanges barbares du tyran
français, que l'on rase le fameux théâtre sagontin ;
les trésors les plus précieux, jusqu'à notre vie, il faut
tout sacrifier, si l'on ne peut sauver autrement la
liberté et l'indépendance de la nation. Mais quand il
s'agit de la ruine d'un tel monument, c'est un cas
tout à fait exceptionnel, et il importe à l'honneur de
l'Espagne que la nation, heureusement réunie ici,
apporte le témoignage public qu'elle ne mérite pas la
vaine et téméraire accusation de barbarie que lui
jettent les étrangers, qu'elle ne voit pas avec la même
indifférence que d'autres pays soi-disant civilisés la
destruction des plus nobles souvenirs de l'antiquité. »
Et le député Argüelles ajoutait, avec plus d'assurance
peut-être que de raison : « Jusqu'aux Maures ont respecté ce monument vénérable et l'ont laissé intact ;
ne nous attirons pas en le détruisant l'épithète de

barbares. » L'assemblée convaincue prit la résolution suivante :

« Les Cortès générales et extraordinaires ont décidé de prendre sous leur protection immédiate le théâtre de Murviedro, et veulent que le Conseil de Régence, sans perdre un moment, envoie les ordres convenables pour que, s'il est nécessaire d'établir quelque fortification dans l'enceinte qu'occupait jadis la ville de Sagonte, on respecte ce précieux monument de l'antiquité ; on veillera dans ce cas avec le plus grand soin à ce que les ouvrages de construction épargnent de si mémorables restes. »

Mais Jaramillo était tenace, et deux mois après, lorsque l'ennemi s'approcha, il fit abattre sans scrupule toute la partie supérieure des gradins.

Sagonte romaine, malgré sa gloire et la richesse de sa plaine, ne put rivaliser ni avec Tarragone, grand port militaire, capitale d'une grande province, ni avec l'opulente Valence. Néanmoins son vaste théâtre où l'on admet que pouvaient s'asseoir 12.000 personnes, construit à grands frais sur un plan savant et majestueux, atteste que la ville fut nombreuse et prospère à l'ombre de la paix romaine. Malgré des discussions assez confuses, tout fait croire que l'édifice date de l'époque impériale, peut-être même des dernières années de l'ère républicaine.

Comme il arrive souvent, l'architecte a profité d'une dépression naturelle de la colline ; il a étagé autant qu'il a pu les degrés de la *cavea* en les taillant dans le rocher ; mais il n'a pas moins dû construire un puissant mur circulaire pour soutenir les gradins artificiels et édifier la scène sur de solides substructions. Tous les murs étaient formés d'un conglomérat de moellons recouvert d'une chape de pierres de taille régulières, très justement et fortement assemblées. Il n'en est pourtant pas un qui soit intact et qui ait pu résister complètement aux ravages du temps ; les constructions de la scène sont rasées presque jusqu'au niveau de l'orchestra, et les entrées et les murailles atérales sont crevées d'ouvertures béantes. Partout où un arrachement violent a écorché ces masses à la puissante cohésion, on voit à l'âme du blocage adhérer encore, comme magiquement suspendus, les cubes équarris du parement. Tous ces hauts et lourds pans de murs, sapés et amincis par la base, toutes ces voûtes, ces arceaux de portes, ces couloirs effondrés à demi, qui semblent menacer le visiteur d'un écroulement énorme de leurs masses surplombantes, paraissent vraiment découpés dans un inébranlable monolithe : c'est le triomphe du ciment romain.

Cette prodigieuse résistance de l'édifice à l'effort destructeur des siècles, des intempéries et des hommes, ce menaçant entassement de masses équilibrées par miracle donnent à la ruine, parmi tant d'autres ruines romaines de l'Espagne, son caractère et sa beauté. Joignons-y la couleur grise et les reflets bleutés de la pierre, qui en augmentent la majesté mélancolique. En effet, rien que de la pierre ici, de la pierre commune et rude du pays. Elle revêt les murs, elle compose les claveaux des voûtes, elle dalle les gradins ; pas un morceau de marbre blanc ne semble en avoir jamais varié la teinte sévère, comme au lumineux théâtre de Mérida, évocateur des claires et gaies architectures de la Grèce ou de l'Asie. On a dit que, des files arrondies de leurs sièges, les spectateurs avaient devant les yeux comme toile de fond, le panorama des champs et de la mer scintillante à l'horizon, de même que les assistants du théâtre de Dionysos voyaient Salamine émerger des flots bleus lors des représentations des *Perses*. Vaine illusion ! le mur de scène barrait la vue de ce paysage superbe, comme il cachait du dehors les courbes harmonieuses des degrés, et, il faut bien l'avouer, le théâtre n'apparaissait, au creux de sa colline, que comme une masse lourde et triste.

Du moins était-il, à l'intérieur, ingénieusement conçu, et il se distingue, parmi tant d'autres théâtres romains, par d'originales dispositions que les spécialistes ont notées avec soin . Laissons leur la tâche de décrire l'habile agencement des entrées, des escaliers, des couloirs intérieurs et des vomitoires qui rendaient aisée et prompte l'allée et venue du public. Mais notons que les deux premiers gradins au bord de l'orchestra, plus bas et deux fois plus larges que les autres, durent être réservés à des sièges mobiles qu'occupaient les magistrats et les puissants du jour, et encore que tout au sommet de la *cavea*, au-dessus d'une large allée de dégagement et sur une partie seulement du pourtour, s'élevait une sorte de tribune, un véritable « paradis » où s'entassaient sans doute à peu de frais le menu peuple et la foule des esclaves. On y accédait par deux étroits escaliers qui flanquaient juste au milieu de l'arc des gradins une petite esplanade où se dressait une statue dont la place était encore assez récemment signalée par une assez large dalle.

L'orchestra demi-circulaire n'a rien qui mérite une remarque spéciale ; quant à la scène, elle reposait sur deux puissants murs reliés par des cloisons transversales formant au-dessous d'elle comme 18 caves à peu près égales. L'imagination du peuple, et aussi de quelques savants mal informés, a voulu voir dans ces compartiments aveugles des fosses à bêtes féroces ou des sous-sols destinés à la machinerie ; mais ce ne sont évidemment que des substructions économiques, que seul l'effondrement de la scène et de ses murs a découvertes.

Le mur du fond se creusait de trois absides demi-rondes où étaient percées les trois portes classiques. D'anciennes images nous montrent comme existant encore au début du dernier siècle, à l'angle de gauche, les restes d'une tour carrée construite au-dessus de la première fosse de soutien ; une construction symétrique devait s'élever à l'autre extrémité de la scène. On a supposé qu'il y avait là des loges réservées, variante originale des *tribunalia* bien connus ; mais s'agit-il vraiment de tours isolées, mal placées d'ailleurs pour qu'on y pût suivre le spectacle, ou simplement des angles de la scène, dont l'un s'était mieux conservé que le reste de ses murs ?

Que si l'on fait maintenant le tour de l'édifice, on voit à droite et à gauche, aux deux extrémités de l'hémicycle, d'épais contreforts qui épousent la forme arrondie de la muraille, et dans lesquels, par économie de matériaux encore, sont ménagés des vides. Une science pleine d'imagination a voulu y reconnaître tantôt des boutiques de vendeurs de gourmandises (*chochos, garbanzos tostados y almendras,* c'est-à-dire des bonbons, des pois-chiches grillés et des amandes), tantôt des cellules de courtisanes « qui venaient servir le vice et la sensualité du vulgaire assemblé pour la fête ». A travers la masse de ces contreforts et à des niveaux différents sont ouverts trois couloirs voûtés dont l'un conduit à l'orchestra ; les deux autres, formant vomitoires, débouchent au milieu des gradins.

La scène ne semble pas avoir été, comme à l'ordinaire, ornée d'un portique, et il ne subsiste absolument rien de la décoration du théâtre, s'il y en eut une. Quelques marbres antiques -- une statue d'enfant sans tête, ayant au cou la bulle, quelques inscriptions, le chapiteau au dauphin que nous avons déjà signalé — ont été rangés et maçonnés à droite et à gauche de l'orchestra, pour les sauver de tous les dangers. Précaution stérile ! des inscriptions ibériques, que nous y vîmes autrefois, ont disparu ; quelques textes latins,

arrachés du mur épigraphique, gisent dans l'herbe,
d'autres sont placés à l'envers, les lettres retournées.
Que ne les sauve-t-on, les transportant au musée de
Valence, puisque Sagonte n'a pas et n'aura sans doute
jamais le sien !

Si le théâtre a souffert, il est là cependant, dans la
fierté dramatique des grandes forces qui résistent, et
puisque maintenant on en protège le squelette dé-
charné, mais solide encore, sa grande *cavea* mélancolique et sonore, ses cryptes obscures, la masse de
ses flancs où se creusent des plaies béantes lui
assurent pour des siècles l'admiration et l'émoi des
hommes.

Mais que dire du cirque, qui s'étendait dans la
plaine au bord du rio Palancia, et dont ces dernières
années ont vu disparaître les rares vestiges ? Rien ne
reste plus absolument de la porte et du mur fleuris
de plantes capricieuses dont Juan Estève nous donnait encore l'image en 1887, dans son *Histoire de la
province de Valence*. La *spina* reste à jamais
enfouie sous les vergers destructeurs. Aujour-
d'hui encore sont à propos ces vers attristés
de Bartolomé Leonardo de Argensola, qui datent
de 1634 :

> Con marmoles de nobles inscripciones
> (Teatro en un tiempo y aras) en Sagunto
> Fabrican hoy tabernas y mesones...

Le cirque a disparu, comme a disparu jusqu'à la dernière pierre le temple de Diane, comme s'est émiettée et perdue, cube à cube, l'élégante mosaïque qui représentait Bacchus chevauchant une panthère dans un cadre de gracieux amours vendangeurs, comme se sont évanouis tant d'inscriptions, tant d'œuvres d'art, statues, bas-reliefs, marbres et bronzes, dont le vague souvenir persiste seul dans des livres ou des opuscules rares et désuets.

L'intérêt des Espagnols ou des étrangers s'éveillera-t-il quelque jour pour Sagonte antique comme pour Numance, Emporion ou Mérida ? Fera-t-on des recherches sérieuses et méthodiques aux lieux où l'on a signalé la nécropole, le long de la voie romaine qui conduisait à Valence, et où furent trouvés au hasard, avec la mosaïque de Bacchus, de beaux marbres jaspés, des fûts de colonnes, des chapiteaux, des statues, des inscriptions et des monnaies? Souhaitons-le, sans espérer beaucoup dans le résultat de ces fouilles tardives, car les tombeaux, qui n'ont jamais été profondément enfouis, et dont les superstructures étaient exposées à trop de périls, ont dû être saccagés au cours des ans.

C'est le cas d'un monument qui existait encore en assez bon état au seizième siècle, adossé à l'église du monastère de la Sainte-Trinité, et dont l'italien Mariangelo Accursio nous a laissé deux intéressants dessins pris en 1526. Le manuscrit du voyageur est conservé à l'Ambrosienne de Milan, et voici, d'après le

docteur Chabret, qui en a eu connaissance et qui a
reproduit les dessins, la légende qui accompagne
l'image des façades méridionale et septendrionale du
monument :

« Doricae aediculae pars haec meridionalis, alte-
raque septemtrionalis, systili speciem operis habent.
Columnae striatae sex, capitula et spirae dimidiae
columnarum crassitudine. Plinthos autem unus,
spireis omnibus subjiciendus, ideo crassior, ut plus
nimio gracilior videretur. In singulis porro ceno-
taphiis fossulae duae statuas superimpositas fuisse
indicant ; neque minus foramina, quibus virga
ferrea impacta sustentavit eos laevo humero. »

Quant à la façade occidentale, Accursio se contente
de dire qu'elle était plus haute et plus large que les
précédentes ; d'après son relevé elle était ornée de
quatre pilastres cannelés, adossés à un mur de riche
et savant appareil.

Dix inscriptions souvent copiées, qui se trouvaient
sur les deux façades principales de l'édifice, attestent
que c'était là le *panthéon*, comme disent les Espagnols, d'une riche famille. On y lit plusieurs fois les
noms d'Antonia, fille de Lucius, Sergilla, et Sergia,
fille de Marcus, Peregrina, que leurs parents (Valeria
propinqua), et leurs affranchis et affranchies,
Vegetus, Theomnestos, Lais, Didyme, honorent
de dédicaces et peut-être de statues, et aussi les
noms de Lucius Antonius, fils de Lucius, Numida,
préfet des ouvriers, tribun militaire de la première

légion italique, qui fut de la famille ou la protégea.

La pioche a démoli le mausolée de fond en comble, et sur l'emplacement s'élève le *matadero* municipal.

⁂

Ainsi, parmi les villes d'Espagne où l'historien et l'antiquaire promènent leur curiosité, Sagonte nous apparaît la plus délaissée et la plus triste, la plus morte. Son acropole, où tant de gloire se trempa de de tant de sang et s'illumina de tant d'incendies, forteresse des plus anciens et des plus récents héros de l'Ibérie, n'est plus, sous la garde d'un vieil homme insouciant, qu'un inutile et vain castillo croulant et démantelé; les temples ont péri avec les statues divines; les ossements des morts antiques ont été jetés au vent; les pierres descellées et dispersées de leurs tombes ont construit des abattoirs. Où les quadriges du cirque soulevaient une noble poussière, aux acclamations de la foule, les laboureurs poussent de lentes charrues dans de verdoyants vergers. Sagonte est morte, et seul le théâtre, qui résiste en sa masse presque éternelle, érige au flanc de la colline funéraire les deux pointes angulaires de sa ruine tragique, comme des bras désespérés.

BIBLIOGRAPHIE. — TITE-LIVE, *Histoires*, XXI. — SILIUS ITALICUS, *Punica*. — APPIEN, Ἰβηρική. — PONZ, *Viage de*

España, 1774, t. IV, cartas VIII y IX. — Joseph ORTIZ, *Viaje arquitectónico-antiquario de España*, Madrid, 1807. — Teodoro LLORENTE, *España, sus monumentos y artes. Valencia*, t. I, Barcelone, 1887. — Antonio CHABRET, *Sagunto, Su historia y sus monumentos*, 2 vol., Barcelone, 1888. — Príncipe PIO, *Inscripciones y antigüedades del reino de Valencia (Memorias de la real Academia de la Historia*, VIII, p. 17 et s.). — DE LABORDE, *Voyage pittoresque et historique en Espagne*, Paris, 1811. — Carlos SARTHOU CARRERAS, *Antigüedades de Sagunto (Museum*, 1917, p. 60). — PLA Y CABRERAS, *Disertación histórico-crítica de las Antigüedades de la Villa de Almenara y descubrimiento de su famoso templo de Venus*, Valencia, 1821. — *Corpus Inscriptionum latinarum*, II, p. 511, et *Supplementum*, p. 967. — Blasco IBAÑEZ, *Sonnica la Cortesana* (traduit en français sous le titre *la Courtisane de Sagonte*).

V

MÉRIDA

V

MÉRIDA

On lit dans l'*Histoire de la cité de Mérida*, écrite
en 1633 par Barnabas Moreno de Vargas, que « le
savant alcaïde Abulcacim Tarif Abentarique, étant
venu à Mérida, y vit une grande pierre placée à la
Porte-Majeure, du côté de l'Orient ; elle était tombée
sur le sol, et il y était narré en lettres chaldéennes la
fondation de cette ville. Pour la lire et comprendre,
il réunit trois interprètes très versés dans la langue
chaldéenne, lesquels reconnurent qu'il y était écrit
que Sempthophaïl, c'est-à-dire Thubal, quand il vint
en Espagne, la divisa en trois royaumes qu'il donna
à ses trois fils, appelés Tarraho, Semphthophaïl et Iber,
pour la peupler, ce qu'ils firent. Et Thubal choisit
pour lui un site, au point de jonction de ces trois
royaumes pour y édifier la grande cité de *Morat*,
ce qui, en chaldéen, signifie *Pueblo de Cabeza
mayor* ; et cette ville se nomma ensuite Mérida.

Par malheur le savant alcaïde cache un insigne
mystificateur, le célèbre Miguel de Luna, et sa curieuse pierre ne nous apprend rien de nouveau. Les
vieux chroniqueurs de l'Espagne ont beaucoup inventé, beaucoup menti. Nous leur pardonnons aujourd'hui, car ils nous amusent; la critique de nos
jours a fait justice de leurs fantaisies; M. Cirot leur
a porté le dernier coup : Ocampo et ses émules sont
sortis en piteux état de ses mains. Il y a pourtant
distraction et plaisir à les lire ; même il ne déplaît
pas de trouver en eux de passionnés artisans de
l'histoire nationale, fabriquant de la gloire antique
en préface des gloires modernes. Pas de ville qui ne
leur doive une illustration plusieurs fois millénaire,
étant, à très peu près, contemporaine du déluge,
lequel eut lieu, comme Ocampo le sait fort bien,
2163 ans avant Jésus-Chrit ; pas de ville dont le fondateur ne soit un des héros de la Bible ou de la
légende païenne.

Mérida se distingue dans cette course aux honneurs
presqu'antédiluviens ; elle partage avec Sétubal de
Portugal et Tudéla de Navarre la noble paternité de
Thubal, qui la fonda en l'an 143 du monde. Sans
doute, quelques mal intentionnés ou mal informés
ont prétendu que la ville qui fut, sous la domination romaine, la plus grande et la plus importante
de la Péninsule, celle qu'on nomma la Rome espagnole, eut pour fondateur l'empereur Auguste, dont
l'ordre y établit vers l'an 729 (an 25 avant J.-C.),

après la soumission définitive des Cantabres, une colonie de vétérans, la *Colonia Augusta Emerita*, et cela sans doute aurait pu sembler une assez illustre origine. Mais que valent les témoignagnes des historiens de l'Empire, qui ignorent par exemple que Rome fut fondée par les Ibères ? Mieux vaudrait encore en croire l'évêque de Mondoñedo, Guevara, et les autres, qui tout au moins font remonter Mérida au temps de la guerre de Troie. Le nom de Mérida, qu'est-il en effet autre chose qu'une abréviation de *Mirmidona*, ville des Mirmidons, passés en Espagne lors de la grande dispersion des peuples engagés dans la querelle épique ?

D'autre part, il eût été bien étonnant que cette puissante cité n'eût pas trouvé de place dans la légende envahissante de l'Hercule égyptien ; et, en effet, c'est à Mérida, dit-on, qu'il massacra les trois frères Géryons, et, en souvenir de son exploit, il fonda *Memorida*, dont le nom actuel dérive avec tant d'évidence...

Quoi qu'il en soit de ces fantaisies plaisantes, derrière lesquelles on n'ose pas dire qu'il ne se cache pas quelque lueur de tradition certaine, à Mérida les vestiges du passé parlent surtout de Rome. Certes, il semblerait un peu étrange que la ville fût née tout d'un coup et tout artificiellement de la seule volonté d'Auguste, et que nulle tribu des Vettons ou des Turdules, nulle population celtibérique ne se fût établie, de temps immémorial, dans la fertile région, dans l'excellente position stratégique qu'occupa la colonie romaine. Mais il n'est, ni dans les livres ni dans la tradition orale, gardé aucun souvenir ni d'une ruine de monument, ni d'une sculpture, ni d'un vase, ni d'une monnaie qu'on puisse assurément dire antérieurs à l'époque impériale. Cependant, il existe au musée quelques haches en pierre polie que l'on assure être de provenance locale, et si le renseignement est exact, elles sont les reliques d'un modeste habitat préhistorique. D'autre part, au même musée se conservent cinq idoles néolithiques en os des plus curieuses trouvées, cela est certain, à Mérida même, non loin du théâtre. Ce sont de simples tiges plates par derrière, un peu bombées par devant et découpées sommairement de façon à donner de vagues images de femmes qui n'ont d'ailleurs pas de bras, qui sont nues, bien que rien ne marque la séparation des deux jambes, dont les têtes carrées ont des cheveux hérissés, des yeux formés d'un point encerclés de deux ronds concentriques tracés au compas, et une bouche faite d'une encoche ; l'une d'elle n'a même pas d'yeux, et ses traits se réduisent à trois lignes inégales et parallèles. Un trou les traverse, sauf une, à la hauteur des épaules, et elles furent sans doute appendues en quelque primitif lieu sacré, car elles semblent un peu longues pour des pendeloques de colliers. Enfin, d'une vieille muraille est sorti en deux morceaux un antique lion de pierre au corps héraldique, archaïquement modelé ;

la mutilation en est lamentable, car il est très probable que l'animal doit se joindre au troupeau curieux des *vichas* de style plus ou moins oriental dont le Sphinx de Balazote, au musée de Madrid, est le type, et qui sont parmi les plus curieux de l'art ibérique.

On lit bien aussi quelque part que les Carthaginois occupèrent avant les Romains l'emplacement de Mérida. « Dans la citerne du castillo sont trois pierres blanches de quatre *varas* de long, carrées, avec de très belles figures ; et des personnes de mérite ont certifié qu'elles sont très semblables à celles de Carthage en Afrique. » Mais n'est-ce pas là un simple racontar, ou quelque fantaisie à la façon du savant Abentarique ?

De cette dernière, on peut au moins retenir quelque chose. Abentarique donne sans doute pour Auguste, sinon pour Thubal, la véritable raison du choix qui fut fait de l'emplacement de la ville aux confins de la Bétique et de la Lusitanie, au carrefour de routes très importantes, à l'un des passages traditionnels du grand fleuve. Les Romains, n'en doutons pas, augmentèrent le nombre des grandes voies qui rayonnaient autour de la Colonie, mais ils ne les créèrent pas toutes, et déjà devaient se croiser à Emerita les chemins qui conduisaient à Hispalis (Séville), à Corduba (Cordoue), à l'embouchure de l'Anas (Guadiana), à Olosipo (Lisbonne), à Cæsaraugusta (Saragosse), tels que les énumère l'Itinéraire d'Antonin.

La région est d'ailleurs féconde à souhait. Pline en
a vanté le blé roux et les olives de douceur exceptionnelle ; les modernes célèbrent ses vignes nombreuses, ses jardins, ses olivettes, ses prés et ses
vastes pâturages, ses coteaux qui l'enrichissent de
gibier, de bois, de fruits, de légumes, ses blés, son
avoine, son seigle, ses fèves, ses *garbanços*, son vin,
son huile, son miel, son chanvre, ses troupeaux de
vaches et de brebis et le poisson de son fleuve. Ce
sont bien là, en effet, les produits issus des plaines
ondulées du Guadiana paresseux. qui conservent
quelqu'importance à la modeste cité de nom
illustre.

A pénétrer dans la ville par une des voies soli-
taires qui montent du fleuve, on se croirait dans un
humble village de laborieux agriculteurs. Au matin,
de chaque porte de maison basse aux murs de terre sort
un âne vigoureux ou un grand mulet tondu ras chargé
d'un vaste bissac en sparterie où s'accommodent
comme elles peuvent la houe et la charrue avec le
frugal repas du maître, et celui-ci s'installe à son
aise, les jambes ballantes, sur la croupe de la bête.
Le long des chemins poudreux et des sentiers qui ser-
pentent à travers les guérets, c'est un long exode en
théories tintinnabulantes des laboureurs allant aux
champs lointains, tandis qu'aux lieux fixés pour les
rassemblements se forment les grands troupeaux

fraternels des chèvres, des brebis et des cochons noirs. La ville se vide, et les gamins bruyants sont maîtres jusqu'au soir des rues et des carrefours. Que si par intervalles, sur les pavés indisciplinés cahote et grince un charriot rustique, c'est une charge branlante de menu bois ramené à grand'peine des monts qui bleuissent là-bas sur l'horizon, ou le lourd entassement de sacs de blé ou de farine, honneur de la vallée du Guadiana.

Que les temps sont changés, et quelle décadence ! Au moyen âge Mérida était une vaste cité populeuse, héritière de la grandeur romaine, dont nous lisons avec étonnement les descriptions merveilleuses. L'enceinte avait six lieues ; les murailles, sans les fondements, étaient hautes de dix toises et larges de six, avec trois mille sept cents tours dont soixante étaient hautes de soixante toises et les autres de trente. Quatre rues larges de trente coudées, parallèles deux à deux, se croisaient au centre de la ville, où s'élevaient cinq châteaux, et aboutissaient à quatre grandes portes à deux arceaux ; le reste des murailles était percé de quatre-vingts ouvertures. Toutes les églises étaient rangées en cercle à mille pas de distance du grand Alcazar central, et chacune avait sa tour que couronnait un moulin à vent.

Tout cela semble bien la vision mégalomane d'une ville chimérique ; et pourtant il faut admettre au moins l'existence d'une porte monumentale à deux arcs s'ouvrant dans une haute muraille à grandes

tours, puisque justement les monnaies romaines de
Mérida nous montrent au revers cette image qui s'est
perpétuée dans les armoiries de la ville moderne. Ce
qu'il y a de certain, c'est que dès la conquête arabe,
quand les envahisseurs occupèrent la ville, elle était
ruinée, comptant au plus 8.000 feux ; aujourd'hui
elle compte un peu plus de 7.000 habitants.

Ce qui ne ment pas, ce sont les ruines antiques.
Nulle part, en Espagne, elles n'ont la même auguste
majesté ; nulle part, comme ici, elles n'étonnent le
passant ; nulle part elles n'émeuvent et troublent
autant l'archéologue. Ce fut une grande capitale, où
s'étala la force et la richesse de Rome, où se cristallisa
en monuments grandioses son rêve de domination
universelle et éternelle.

Les murailles, assurément, n'avaient ni six lieues
de tour ni même deux ; mais c'étaient bien les « *belles
murailles au long desquelles coule le célèbre Anas et
que, rapide, il baigne de son profond flot verdoyant* ».
Partout, autour de la cité morte, émergent des pans
de murs larges de quinze pieds, des tours et des bastions dont les bases inébranlées gardent les gros blocs
largement équarris que posèrent, en lourdes assises,
de puissants assembleurs de granit ; et partout, dans
les constructions du moyen âge comme dans les
constructions arabes, jusque dans les murs d'aujour-
d'hui, imposant leur masse inattendue, s'encastrent
les pierres de taille, membres dispersés de l'enceinte
colossale. Si l'on compare la construction moderne,

faite de blocs artificiels de terre comprimée dans des moules, par quoi suppléent sans doute au manque de pierres ceux qui ne peuvent ou ne savent pas employer les matériaux romains, on se demande au prix de quels efforts, au prix de quel or les fondateurs ont charroyé de la montagne assez lointaine et débité tant et tant de granit.

En bordure du fleuve qui, vainement, essaie de la ronger depuis des siècles, apparaît surtout la force triomphante de la muraille. Là, sur une belle ligne droite, longue de plusieurs centaines de mètres, des assises régulières s'élèvent du fond des eaux limpides, contrebutées de contreforts vigoureux, percées de bouches d'égouts rondes ou carrées, et dont le flot calme, en son glissement inlassable, n'a pu que polir la face sans la ronger, dont les vagues des crues torrentielles n'ont pu seulement dévier l'aplomb. On ne sait quand, au moyen âge, la poussée des terres a pu exiger une reconstruction des parties hautes, à laquelle ont d'ailleurs servi les mêmes matériaux ; mais aujourd'hui encore les jardins fertiles du *Conventual* et la galerie haute qui les borde reposent sur l'œuvre romaine toujours présente et nécessaire, et la frondaison des orangers, des figuiers et des oliviers, ombrageant les fraîches cultures de fèves, ajoute un charme délicat de poésie agreste à la force éternelle qui les supporte.

C'est du reste un site favorisé que ce Conventual où s'écoule aujourd'hui dans une paix rustique la vie heureuse d'une famille de paysans. Au faîte des champs étagés, sous une élégante loggia que décorent quatre colonnes grêles surmontées de chapiteaux antiques, une vieille servante s'affaire à d'humbles travaux ; sous la galerie qui prolonge la loggia, et que veut parer une prodigieuse zoologie en tableaux, des grappes de piments écarlates suspendues au toit jettent leur note chaude au-dessus des instruments champêtres, les charrues et les chariots trapus ; occupés sous un auvent, des hôtes accueillants vous saluent de ces formules où excelle l'affabilité courtoise de ce pays ; dans les terres en gradins, sous les arbres denses, deux mulets tirent une charrue primitive, et le bon laboureur s'arrête pour vous souhaiter d'heureux jours. Partout des bassins, qu'alimentent les manèges de norias rustiques, étalent leur miroir verdoyant et c'est l'orgueil du domaine que l'abondance de ces eaux fécondes, de temps immémorial élevées du niveau du fleuve.

Une imposante citerne antique, plus encore que le charme des vergers, attire au Conventual les touristes et les archéologues. L'*Aljibe*, comme on l'appelle, a sans doute été remanié, sinon construit à l'époque chrétienne, comme l'attestent la sculpture en bas-relief très plat de quelques piliers et architraves de marbre, et le remploi d'un superbe chapiteau corinthien. Mais la bâtisse a la vigueur des meilleures cons-

tructions de la Mérida païenne, et dénote la science
admirable des architectes-ingénieurs romains. Une
double rampe rapide de part et d'autre d'un gros mur
vous enfonce profondément jusqu'à un réservoir qui
semblerait perdu aux entrailles de la terre, n'était la
lumière qui glisse par l'ouverture moderne destinée
à laisser passer les godets d'une noria. Les murs des
rampes comme du puits sont formés de gros blocs
réguliers comme ceux de l'enceinte ; au haut des murs
saillent des pierres où s'appuient, formant le plafond,
de larges dalles, et à l'entrée comme au bas des couloirs la blancheur des marbres polis, que fleurissent
de riches rinceaux légers, tranche sur la patine noire
du granit brut.

Œuvre unique, où l'art gracieux se mêle si inopi-
nément à la force ingénieuse, l'Aljibe aux lueurs
mystérieuses de sépulture violée, si vraiment il est
de basse époque, semble un dernier effort de la grande
cité romaine en décadence pour perpétuer la gloire
des puissants constructeurs de jadis.

Plus on s'attarde à visiter les ruines romaines de
Mérida, plus s'affirme cette impression de puissance,
d'une puissance qui parfois se complaît dans l'exagé-
ration, et parfois dépasse le but.

La grande cité était fameuse au moyen âge par le
système de ses égouts souterrains, qui, sans doute,

n'étaient autres que les cloaques de l'époque impériale. Mais la ville antique valait plus encore, sans aucun doute, par l'abondance de ses eaux qu'amenaient de loin (l'un d'eux a cinq, un autre treize kilomètres) des aqueducs grandioses.

Serpentant à la crête ou sur le flanc des collines qui ondulent jusqu'à la dépression du rio Albarregas deux d'entre eux franchissaient le vallon et la petite rivière au sommet d'arcades énormes pour arriver jusqu'aux parties hautes de la ville. Des canaux, tout le long de leur parcours, il reste peu de traces, du moins à la surface du sol ; cependant aux abords mêmes de la ville les hommes ni les siècles n'ont pu détruire ni disperser complètement la masse compacte et dure du ciment amalgamé aux pierres qui formait un immense serpent monolithe. Il reste encore de l'aqueduc principal, tout près du cimetière, un assez long fragment de conduite très ingénieusement élargie en citerne carrée, de niveau plus bas qu'elle, qui servait à l'épuration des eaux. Une ouverture latérale permettait tantôt de puiser au réservoir, tantôt d'évacuer les impuretés arrêtées et déposées au fond.

Mais ces ruines doivent exciter surtout l'intérêt des ingénieurs ; les restes des grandes arches qui faisaient franchir au canal la vallée de l'Albarregas et l'amenaient au point culminant de Mérida, excitent l'étonnement et l'admiration de tous.

Pourquoi les Romains, pour supporter un simple

filet d'eau, ont-ils construit ces piles colossales, flanquées de robustes contreforts, où s'entassent en assises alternées les gros blocs de granit et les briques, que lient à double ou triple étage des arceaux de briques ou de pierres ? Pourquoi cet effort gigantesque, pourquoi ces transports de matériaux lourds, ce monument de géants où aurait suffi une œuvre plus modeste, plus simplement en accord avec les besoins de la cité? S'il avait été question de franchir le fleuve Anas, d'allure pacifique sans doute, et qui d'ordinaire s'élargit et se prélasse paresseux en ses grèves dormantes, mais qui trop souvent se gonfle et se précipite en torrent dévastateur, on ne comprendrait que trop l'obstacle de ces masses inébranlables. Mais l'Albarregas, qui rampe étroit et calme entre ces piles superbes, n'eut jamais de ces colères terribles : c'est le plus innocent des ruisseaux, bienfaisant aux vergers qu'il baigne et qu'anime seul le gazouillis d'une fauvette des roseaux, le vol bleu d'un martin-pêcheur. La raison seule de cette construction merveilleuse, de ces miracles (*Los Milagros*, tel est le nom populaire de l'aqueduc), c'est l'orgueil de Rome, qui voulait fonder et bâtir pour l'éternité ; c'est la même ambition conquérante des architectes qui élevèrent le double étage du Pont du Diable à Tarragone, ou de l'Aqueduc de Ségovie, plus haut, plus massif et plus colossal encore, plus imposant en sa structure intacte de granit noir.

Rien n'est éternel ; le temps, les nécessités de la

vie d'une cité qui poussent à arracher aux vieux monuments caducs, pour les réemployer, les matériaux
inutiles, ont mutilé lamentablement le pont immense
et sublime. Des piles entières ont été jetées à bas, se
sont émiettées, ont disparu ; des contreforts ont été
arrachés pierre à pierre, laissant à nu la lèpre d'un
blocage central ; des arcs de briques superposés les
uns se sont effondrés, les autres effrités, rongés,
découpés en dentelle, luttent mal contre la chute prochaine. Le canal des eaux n'existe plus ; toute l'œuvre
désunie, inégale, rompue dans la pureté de ses lignes
simples, n'est plus que le souvenir incomplet d'une
puissance évanouie, que le décor grandiose d'une cité
mourante. Une force qui peu à peu s'épuise, une
hauteur qui peu à peu s'abaisse, une harmonie qui
peu à peu s'éteint, voilà ce que nous apparaissent
aujourd'hui *Los Milagros* ; ils ne sont plus, ô dérision,
que l'hôtellerie pittoresque des cigognes estivales qui
échafaudent aux cimes leurs nids branlants de branchages, que l'inaccessible perchoir d'où tombe parfois
le croassement d'un corbeau effarouché qui inspecte
la plaine. Mais tout l'art, tout le génie de Rome survit en la ruine hautaine, et le pèlerin de Mérida ne
peut détacher ses yeux du monument qui se dresse
orgueilleux sous ses plaies vives, s'étend et s'allonge en
travers du vallon qu'il emplit de sa masse et de son
ombre ajourée, patiné jusque dans les lignes rouges de
ses briques par les gris hivers brumeux et les soleils
incandescents de l'été. Ces restes d'une œuvre uti-

litaire d'ingénieurs artistes se découpent sur le vaste ciel comme les arches mutilées d'un colossal arc de triomphe.

Colossal, tel est le mot qui revient sans cesse sous la plume, comme une épithète homérique ; on n'en trouve point d'autre à la rencontre de tous les restes du grand réseau de conduits qui dans un large rayon autour de Mérida signalent le passage des eaux amenées à grands frais, à travers plateaux et vallons, des grands réservoirs qui les alimentaient.

L'un d'eux, et principalement celui qui amenait son flot aux Milagros, a résisté au temps : c'est la *Charca de Proserpine*, dont la digue contient encore, sans la moindre fissure, le poids formidable du lac qui l'oppresse.

Une promenade charmante de cinq kilomètres mène — trop rarement — le touriste à cette énorme dépression où convergent toutes les pluies, tous les ruisseaux, tous les suintements de la Sierra de Carija qui l'abrite derrière son plus haut sommet. La route, que nous fîmes en décembre par une après-midi de soleil pâle, traverse des guérets et des champs de fèves, sans un arbre : aride et monotone, elle devient un peu pittoresque parmi de maigres pâturages où émergent des têtes rondes de roches granitiques. Mais tout à coup s'étale la nappe inattendue du lac silencieux et tranquille, ici baignant des plages de sable pur, là s'enfonçant en baies abruptes dans les découpures de rochers projetés en promontoires, et

brusquement se dresse la digue romaine, la muraille
droite de forteresse aux pierres de taille alignées
comme aux premiers jours, contrebutée de piles
obliques, reflétant dans l'eau vaincue, qui la caresse
et la double, sa puissante image presque deux fois
millénaire et les rares blessures qui la tachent sans
la déparer. Derrière le mur, la puissante butée nécessaire semble un simple amoncellement de terres descendant en courbe largement oblique, mais sans
doute sous la terre se cache un formidable noyau de
pierres noyées dans le ciment fameux de Rome.
Quoi qu'il en soit, rien d'apparent ne subsiste des
travaux par quoi les constructeurs avaient réglé les
prises d'eau, car les deux tours actuelles, dont sans
doute les matériaux sont antiques, témoignent d'une
construction et d'une disposition modernes. Mais
cela même est pour nous forcer à admirer plus encore.

Proserpine, dont la *charca* porte le nom, était une
divinité tutélaire. Une inscription, aujourd'hui perdue,
qui a valu au réservoir le nom de la déesse, était
l'invocation d'une humble femme : « O déesse Ataecina de Turobriga, Proserpine, par ta Majesté je te
prie et te conjure de me faire rendre ce qui m'a été
volé. On m'a changé ou soustrait ce qui suit : six
chemises, deux tuniques de lin.... Le coupable,
j'ignore son nom, mais toi, tu le sais... » On aime à
croire que Proserpine Ataecina a étendu sa protection
à travers les siècles sur la grande entreprise, et la pro-

tège encore. La *charca* entretint longtemps des industries florissantes au pied de la digue victorieuse de
toutes les poussées, de toutes les infiltrations, et l'eau
bienfaisante n'attend qu'un signal pour que ses dix
millions de mètres cubes se répandent comme il y a
vingt siècles en irrigation fertilisante dans les champs
assoiffés de Mérida et les transforment en huerta
verdoyante.

Le signal est proche : l'Espagne, active de nouve u,
et consciente de ses richesses, va utiliser le lac de
Proserpine. Elle prépare même un travail plus
long, plus difficile, mais plus fécond sans doute ;
elle veut rendre la vie à un second réservoir, celui de
Cornalvo, bien plus lointain et par cela même plus
utile, qui aboutissait à Mérida par un aqueduc dont
il reste encore d'importants débris au nord-est de la
ville, en arrière de la colline de Saint-Albin. On
peut dire sans être ingénieur, que l'œuvre de Cornalvo l'emportait sur celle de Proserpine en ampleur
et en audace.

Cornalvo (qui sait quel nom, qui mériterait d'être
illustre, se cache sous ce mot d'allure latine ? n'est
pas, comme la *charca* de Proserpine, une profonde
cuvette naturelle dont l'eau s'épancherait par une
cassure facile à boucher. Cornalvo, c'est un haut plateau presque partout ouvert où débouchent, en le
prolongeant et le découpant en feuille de vigne, une
série de vallons à pentes douces. A l'une des extrémités seulement il s'étrangle entre deux butées ro-

cheuses que couvrent de grands chênes verts. L'ingénieur romain eut l'idée d'aveugler ce passage en
amoncelant en travers une haute et épaisse jetée ;
puis, ayant capté tous les petits ruisseaux, toutes les
sources, toutes les pluies des pentes environnantes,
du plateau il fit un immense lac. La merveille ici
fut moins de contenir les eaux, neuf millions de
mètres cubes, nous dit-on, que de les rassembler, et
pourtant la digue, toute rongée et ruinée qu'elle nous
est apparue. conserve une incomparable grandeur.

Ici plus de muraille perpendiculaire. chef-d'œuvre
d'aplomb et de structure assisée, mais un entassement de moellons et de ciment coordonné pour résister à la poussée redoutable. Du côté des eaux
comme du côté adverse la digue se renflait en courbe
savante de pression, cachant ici et préservant le conglomérat contre les infiltrations par un revêtement
imperméable, là couvrant les pentes de terres pesantes. Par un trait de hardiesse que n'osa pas l'ingénieur du lac de Proserpine, au pied de la digue, à
l'intérieur du réservoir, dans l'eau même il planta le
château où se réglaient par un système savant de
bassins, d'écluses et de vannes la prise et le débit de
l'eau.

Aujourd'hui, le *pantano* est vide ; le vaste bassin
réservoir, à perte de vue, n'est qu'une morne et solitaire lagune dont la tristesse, en une grise matinée
de décembre, s'amplifiait pour nous dans le voile
opaque du brouillard en gouttelettes. La digue, dont

le parement a disparu sous l'afflux des terres, ne dresse plus dans son détroit qu'une crête rongée, pelée, où poussent quelques arbustes rabougris. A peine un œil exercé peut-il remarquer l'ingéniosité des arceaux rustiques qui. de façon économique, soutenaient le chemin du faîte ; impression de force qui lutte. mais non pas impression d'art.

Par bonheur le château d'eau, presque entier, survit au désastre. La tour carrée, massive, est découronnée de son faîtage, où l'on se plaît à supposer quelque monument digne d'elle ; on a détruit l'escalier qui descendait en sa profondeur mystérieuse ; mais elle élève encore haut ses murs de granit. portant au flanc l'amorce de l'arc hardi qui la liait, pour la rendre accessible, au chemin de la digue. On dut. lors d'une restauration fort ancienne, afin sans doute de rendre la tour étanche, car pour inébranlable elle l'était à jamais, empâter sa base dans une gangue de maçonnerie. Mais cet emplâtre déshonorant va disparaître, et quand bientôt, la digue consolidée, le réservoir de nouveau rempli, les canaux d'adduction comme de déversement totalement déblayés, les vannes rétablies, tout rendu à l'usage et à l'activité, Cornalvo répartira de nouveau par les campagnes sa richesse si longtemps oubliée, la tour dégagée. forte et légère, baignant dans l'eau claire son image aux lignes pures, redira à de longs siècles encore le génie impérissable de Rome.

Déjà les modernes ingénieurs s'activent. Une

maison, pratique, dit-on, mais combien vulgaire,
hélas ! se termine, dominant la digue et la lagune ;
un chantier s'est ouvert pour déblayer, nettoyer, raf-
fermir, reconstruire, et c'est une joie, sans doute,
cette résurrection de l'Antiquité qu'on croyait morte,
cette renaissante richesse d'un pays qu'on aime ; mais
c'est une peine aussi, ce viol utilitaire d'une solitude
si sauvage et si poétique. Voici venir, autour du cortijo perdu des comtes de Campomanes, les charrois
et tout l'attirail de l'industrie et de la civilisation...
Adieu le cheminement paisible et sans rencontres
sous les chènes noirs, abris des roches granitiques à
l'aspect mystérieux de dolmens éventrés ou de cromlechs ! Adieu, tout le long de la douce piste de sable
aboutissant au pauvre village de Trujillanos, les
songes où rien de la vie du jour ne trouble l'évoca-
tion des grandeurs et des gloires du passé !

Une troisième charca antique, celle de Valverde,
garde encore en sa digue éventrée, d'où l'eau s'échappe
torrentueuse, beaucoup de la noblesse et de la force
romaine. Au contraire, le réservoir de la *Queue de
Bœuf* (Rabo de Buey) est tout moderne. Les eaux
qui s'y concentrent et s'en écoulent circulent encore
par intervalles dans d'admirables souterrains antiques, mais elles franchissent l'Albarregas, pour
arriver jusqu'à la ville, par un aqueduc qui date du
seizième siècle. L'œuvre, lourde de maçonnerie sans
style et sans couleur, ne vaut que par sa longueur et
le nombre de ses arcades superposées ; l'œil s'arrête

à peine à ces moellons utiles sans beauté. Mais par
bonheur, à l'entrée même de Mérida, tout près de
l'ermitage qui leur donne son nom, restent debout
les trois piles romaines de l'aqueduc de San Lazaro.
La vallée de l'Albarregas est ici plus large qu'au
point où se dressent Los Milagros, elle est aussi plus
profonde ; donc les piliers furent ici plus nombreux
et plus hauts. Leur ruine ne mesure que 16 mètres,
et leur faîte est détruit ; il ne subsiste que deux arches
reliant leurs bases : tels qu'ils sont, tout semblables
à ceux des Milagros, bien que plus mutilés pourtant,
avec leurs assises de pierres et de briques alternées,
fiers encore de leur résistance suprême à la mort
sournoise et lente, leur silhouette se détache en
vigueur sur le fond mesquin et terne des éphémères arcades modernes qu'ils semblent rejeter dans
l'ombre.

Rentrons dans Mérida par le pont du Guadiana.
Lui aussi garde en ses assises et ses arches mutilées
le souvenir de la majesté romaine. Les siècles, les
colères du fleuve, la brutalité stupide des guerres
l'ont rongé, mutilé, amputé, éventré, soumis à des
restaurations, à des reconstructions destructives de
la grandiose unité première. Son histoire est longue
et pittoresque : série de ruines et de renaissances qui
mériteraient une longue monographie.

Élevé d'abord, selon la tradition, en 95 avant

Jésus-Christ par le légat Publius Lucius Crassus, lorsqu'il établit la voie et chaussée militaire qui porte aujourd'hui le nom de *Camino de la Plata* (via lata ?), il fut, par-dessus le fleuve limite Anas, le lien de la Lusitanie et de la Bétique. L'Anas, très probablement, était alors navigable, mais les eaux en étaient souvent très basses ; on les encaissa devant Emerita entre la haute muraille qui soutient encore le Conventual, et une longue et large jetée, ou plutôt un vaste quai parallèle terminé en éperon, pour rompre le courant, et dont le tertre a résisté, soutenu par des arcades pleines ; le plan s'en lit encore aisément ; c'est ce que les habitants appellent le *Tajamar*. Au delà de la jetée le pont se prolongeait au-dessus du lit caillouteux, aussi robuste, mais moins haut, jusqu'à rejoindre la berge lointaine.

Des précautions furent prises contre les crues soudaines. Les piles massives, dessinées en proue de navires, pour fendre les flots précipités, les arches hautes et pourtant trapues, furent construites en gros blocs pesants de granit, comme les piles et les arches des aqueducs, et dans les écoinçons furent percées des arches secondaires pour créer plus large passage aux eaux croissantes. Toute l'œuvre prit l'aspect imposant de force prudente, bien superflue, semble-t-il, quand le fleuve estival paresse au pied du granit sombre, mais combien nécessaire aux jours où ses vagues grondantes tournoient au heurt des éperons submergés !

L'Anas a plus d'une fois vaincu dans cette lutte, et renversé l'obstacle qui paraissait inébranlable. Guévara, l'original évêque de Mondoñedo, qui ne craignait pas de forger de l'histoire, raconte que lorsque les Grecs fondèrent Mérida, ils établirent vraiment une ville sur chaque rive du fleuve : l'une, à droite, servant de forteresse et de refuge en temps de guerre, l'autre, à gauche, réservée aux temps de paix. Aux temps romains, un certain consul Fabatus, qui n'a jamais existé, donna l'un des *barrios* à la Lusitanie, l'autre à la Bétique. De là naquirent des rivalités dont le pont fut victime : on le coupa en deux. Mais l'empereur Trajan rétablit la concorde en bâtissant au milieu du pont une place neutre, c'est le Tajamar.

La vérité, sans doute, est que l'Anas ayant rompu quelques arches, Trajan les rétablit ; c'est l'avis des spécialistes de l'architecture romaine que la partie lusitanienne de l'œuvre est plus récente que l'autre et date en effet du règne de cet empereur. Quoi qu'il en soit, l'histoire nous apprend, et de façon certaine, quelques-unes des vicissitudes du pont.

En 670, le roi goth Ervigius dut le réparer ; du septième siècle nous sautons au dix-septième ; un gros d'eau emporta l'arche centrale, et on dut la reconstruire avec cinq autres, en 1610, sous Philippe III : on en profita pour une réparation générale. Mais le dix-neuvième siècle fut particulièrement cruel. En 1811, les troupes anglaises et espagnoles coupent la 21e et la 22e arche ; le 1er juin 1823, une crue endommage les arches 33, 34 et 35. Ce ne fut qu'en 1832 qu'on les rétablit avec les précédentes. Nouveau torrent dévastateur en 1860 : les arches 29, 30 et 31, croulantes, sont consolidées avec du bois. Le 6 décembre 1876, le 5 janvier 1877, crues plus terribles encore : les arches 15 et 16 qui supportaient l'antique terre-plein et une petite chapelle gothique, et les arches 31 et 32 sont entraînées. Heureusement en 1878, Canovas del Castillo, président du Conseil des ministres, ordonna une réparation générale qui fut terminée en 1880.

Telle fut, en raccourci, cette lutte des pierres contre l'eau et les hommes ; l'eau ni les hommes n'ont pas complètement vaincu ; tel qu'il est, le pont reste romain, et quelles que doivent être ses destinées futures, il restera le pont romain. Certes, il faut regretter la belle unité que l'œuvre ne retrouvera jamais, et les deux arcs de triomphe qui en gardaient et décoraient les têtes ; il a perdu la grâce du balcon ou *mirador* dont on nous parle sans nous en donner la date, situé au point le plus élevé, lieu de repos et de promenade, d'où la vue était magnifique, et le *templete* qui le parait au Moyen Age, et les colonnes de marbre qui, depuis Philippe III, consacraient le souvenir des grandes réparations. Mais son antiquité, sa force et sa bienfaisance tant de fois séculaires, ses blessures mêmes et ses restaurations l'enveloppent de respect et de poésie triste. Dans les

après-midi sereines, aux heures où la vie de Mérida
sommeille, il ondule paisiblement dans la lumière.
presque solitaire. Ici se penche un patient pêcheur à
la ligne ; là trottine un *burro* disparaissant sous les
branchages ; un chariot archaïque, que tirent deux
mules accouplées sous un joug, chemine en claque-
tant, et du lit au trois quart sec de l'Anas, où des
lauriers-roses chétifs et sales s'étiolent au milieu des
cailloux roulés et des grosses pierres de taille, débris
romains, monte le bruissement des lavandières qui,
pour économiser le savon, rincent leur linge non
dans le fleuve, mais dans des sortes de petits bateaux
pleins d'eau sale. Le Pont abrite de son ombre les
babillardes, immobile et débonnaire dans sa gloire
de vieil ancêtre malade, mais pourtant solide encore.

La porte monumentale qui du pont donnait accès
à la ville fut démolie de fond en comble par Abder-
raman, roi de Cordoue. Il n'en reste plus trace : la
tradition veut qu'elle ait été semblable à l'*Arc de
Trajan*. Cela est peu probable, car cet arc, que l'on
désigne aussi sous le nom d'*Arc de Santiago*, subsiste encore, engagé dans des maisons, en pleine
Mérida. Cette arcade, haute de 47 pieds, large de 22,
épaisse de 21, dépasse les dimensions d'une porte.
Que fut-elle en réalité ? Un arc de triomphe, sans
doute, mais faut-il évoquer le souvenir du grand

empereur ? Toujours est-il qu'elle étonne par la hardiesse de sa courbe hautaine et l'admirable assemblage de ses claveaux énormes dont pas un n'a glissé, dont le merveilleux équilibre défierait de longs siècles encore, si l'usure mystérieuse des jours et de l'air ne rongeait d'un frottement lent et sûr les joints des pierres, laissant filtrer par des fentes dangereuses de fines et légères raies d'azur. Sans aucun ornement de sculpture encastrée ni appliquée, sans un marbre, toute nue, toute grise, elle est colossale et triste, comme les aqueducs, comme le pont, et comme eux porte dans la ville déchue le deuil des siècles glorieux.

Que dire des restes du prétendu temple de Diane, dont le lourd péristyle de granit sombre est maintenant comme la carcasse douloureuse d'un vieux palais ? C'était jadis un édifice sévère : sur un haut soubassement se dressaient de puissantes colonnes cannelées, dont la tête corinthienne se parait d'une triple couronne d'acanthe très simple, sans aucun souci d'élégance ni de grâce. Ce style austère, tout exceptionnel et inattendu dans l'Espagne romaine, se concilie malaisément avec l'âge de la colonie, et l'on songe à quelque architecte indigène traduisant à sa rude façon les modèles de l'art importé. Quoi qu'il en soit, sur la rue, les fûts emprisonnés jusqu'au faîte, décapités, rongés, très peu saillants, mal visibles, semblent supporter avec peine l'enserrement des pierres modernes, et le décor imprévu de la fenêtre Renaissance, du reste fort jolie, qu'ils encadrent. Par derrière, cinq colonnes, soutenant une massive architrave sur leurs chapiteaux robustes, se dressent encore d'un tiers de leur hauteur au-dessus des plâtras blancs qui les enchaînent à la base et protestent contre leur ignominieux esclavage. Le ciel limpide se découpe avec l'acanthe dans l'ajourement de l'ordre, et l'on rêve d'un génie bienfaisant qui, dans la féerie d'une rayonnante nuit d'été, dépouillerait la ruine du suaire lamentable de ses murs dégradants pour dévoiler aux amoureux de lignes nobles le secret d'une beauté ressuscitée.

Puisse le même génie, du même coup d'aile impérieux, raser autour du temple les maisons qui couvrent ce qui fut sans doute le cœur de la ville ! On suppose que là se cache le forum. Toujours est-il que les constructions souterraines pullulent en ce quartier, et que de nul autre ne sont sortis en plus grand nombre les marbres et les statues.

C'est là, par exemple, que furent trouvés trois grands Romains de marbre, dont deux sont au musée de Mérida, l'autre exilé à Almendralejo, dans la collection du marquis de Monsalud. Fort mutilées, les effigies ne sont pas de premier ordre, et Gaius Atius Aulus, de l'atelier de qui provient l'une d'entre elles au moins, n'était qu'un ordinaire *fa presto* assez maladroit à donner quelque souplesse aux plis des tuniques et des toges ; Agrippa et Auguste, si c'est bien eux qu'on voulut représenter, eurent affaire à un médiocre praticien de province.

En revanche une tête de marbre recueillie au même endroit, qui appartient à un particulier, semble d'abord devoir prendre place parmi les plus belles images de femmes voilées dont l'art classique nous a laissé de si admirables exemples. Cependant la vigueur du masque, les cheveux agités sur le front en mèches libres donnent place à un doute, et ce n'est pas une hérésie d'y vouloir reconnaître un portrait idéalisé ou peut-être Antinoüs en flamine. Quoi qu'il en soit, le marbre, où l'inspiration du style expressif de Lysippe s'accuse dans le regard profond et la passion des lèvres entr'ouvertes, est fait de main d'ouvrier ; c'est l'un des chefs-d'œuvre de l'Espagne romaine.

C'est tout au moins le chef-d'œuvre de Mérida. L'original manque au Musée, qui n'en possède que le moulage ; mais ce simple plâtre éclaire la salle un peu triste et, bien entendu, provisoire où s'exposent trop mal des sculptures dont pas une ne peut lui être comparée. Je n'en excepte pas la grande Cérès, ou plutôt la grande Junon du théâtre, qui certes l'emporte de beaucoup sur toutes les autres statues, au point d'avoir pu évoquer, dans l'enthousiasme de la découverte, l'admirable Déméter de Cnide. Elle rejette vivement dans l'ombre les mauvais marbres du Mithræum qui furent ces dernières années rendues au jour, à la grande joie des archéologues, par la construction d'une Plaza de Toros — à quelque chose malheur est bon ! — Mais aplatie et maigre, dispro-

portionnée un peu, maladroitement drapée dans ses
robes et ses voiles à plis cassés et secs, l'air insigni-
fiant et veule, elle reste l'effort louable, mais malheu-
reux, d'un banal art d'apparat.

Il faut bien le dire, telle qu'elle nous apparaît au
Musée, la statuaire de Mérida, même dans ses œuvres
les meilleures, reste provinciale et médiocre : le plus
souvent elle est franchement mauvaise ; nous sommes
bien loin de l'art noble et savant qui se révèle au
Musée de Séville ; les gens d'Italica avaient plus de
goût que ceux d'Emerita. Il serait vraiment difficile.
parmi nombre d'œuvres également banales. d'en
trouver une qu'on pût louer sans effort. Cependant
on s'arrête volontiers devant une grande statue de
femme drapée qui pendant des siècles, dit-on, se
dressa sous l'arc de Trajan avec deux autres emportées
à Paris lors de l'invasion française. C'est une femme à
la fleur de l'âge dont par malheur la tête, les deux mains
et le bras droit ont disparu. svelte et gracieuse en la
souplesse de sa pose classique : le mouvement de sa
jambe gauche fléchie, de son genou relevé. fait ondu
ler joliment la ligne de ses formes élégantes qui
transparaissent sous la fine étoffe à menus plis pressés. D'autre part, un homme au torse nu — on n'ose
prononcer les noms de Jupiter ou d'Esculape — est
d'une anatomie assez juste. mais de facture lâche :
il est d'ailleurs tout défiguré par la perte de la tête.
des mains et des pieds. Ce sont là les morceaux que
l'on regarde au Musée avec le plus de plaisir, car on

est obligé de n'accorder aux nombreuses sculptures provenant du temple de Mithra qu'une attention archéologique.

Du moins celles-ci forment-elles un groupe de premier ordre pour l'histoire du culte oriental en Espagne. D'abord l'une d'elles est datée ; c'est une image d'Hermès jouant de la lyre, et sur l'instrument est gravée cette dédicace : « *L'an CLXXX de la Colonie. Au Dieu invaincu Mithra, Accius Hedychrus, Père, de tout cœur a consacré cette statue.* » L'an 180 de la colonie correspond à l'an 155 de notre ère, et au règne de Marc Aurèle ; Accius Hedychrus, dont le nom revient plusieurs fois dans l'épigraphie du Mithræum de Mérida, est ici et ailleurs appelé « *Père* ». Mais il s'éleva plus haut encore dans la hiérarchie des confrères, et devint *Père des Pères*, pater patrum. C'est ce titre suprême qu'il prend en offrant à son dieu une statue couchée de l'Océan, l'un des membres de la Triade supérieure, dont il avait fait don au sanctuaire. Sous sa Grande Paternité le culte fut florissant et les dévots furent généreux comme leur Père. En 155 encore, M. Valerius Secundus. *frumentarius* de la VIIᵉ légion, consacra un autel au dieu invaincu en souvenir de son initiation. et sur une statue de Mithra lui-même se lisent ces mots : « *Au Dieu invaincu, C. Curius Avitus, Accius Hedychrus étant Père.* »

D'autre part, les statues recueillies sont d'un grand intérêt iconographique. Avec l'Océan, voici Chronos à tête de lion (le mufle est par malheur brisé), nu jusqu'à la ceinture, les cuisses couvertes de braies collantes, les ailes repliées sur le dos, enserré dans les orbes d'un gros serpent écailleux ; le torse musclé se cambre, le bras gauche, assez vigoureux, se rejette en arrière. Le voici encore, tout nu cette fois, droit et raide, les pieds joints ; sa tête est humaine, mais, en rappel de son animalité première, un masque de lion est appliqué sur sa poitrine ; le serpent s'enroule cinq fois de ses pieds à ses épaules. Voici maintenant le dieu lui-même, sous la forme d'un jeune athlète debout, nu, sauf un pli de chlamyde sur la poitrine et les épaules, appuyé contre un tronc d'arbre, ayant à sa droite un petit lion assis sur son derrière, ou peut-être son chien fidèle ; il tenait une lourde torche, son insigne ordinaire et celui des génies mithriaques. Cette image semble nouvelle, et pour la première fois Mithra a dépouillé ses longues tuniques orientales et son bonnet phrygien.

Le voici encore, très mutilé par malheur, ayant perdu la tête, les deux mains, le mollet droit, mais cette fois presque sous son aspect classique. Sur les épaules se voient encore les pointes tombantes du bonnet ; jusqu'aux genoux descend à double sinus une tunique serrée sous les seins et à la taille ; le bras droit est nu, le gauche, avec l'épaule, disparaît sous un grand manteau qui s'étale et tombe bas par derrière ; les jambes nues sont chaussées de brodequins souples ; à gauche est un tronc d'arbre accolé d'un dauphin la queue en l'air. La facture n'est point mauvaise et le jeune homme, aux vagues allures de Diane chasseresse, donne, assez heureuse, l'impression de sa divinité ambiguë.

Enfin autour de Mithra et de ses génies familiers se groupaient quelques dieux dont les images étaient plus ou moins attendues dans le sanctuaire : Vénus pudique, flanquée de Cupidon chevauchant un dauphin, étroite de torse et de hanches, maigre et sèche, sans originalité d'attitude ni de style ; Mercure assis sur un rocher, ayant près de lui sa grande lyre, banal et froid, et, peut-être, Esculape, le torse nu, théâtral et vulgaire, tous les deux œuvres d'une tradition épuisée et lâche ; Sérapis enfin, dont il ne reste que la tête, assez expressive et puissante, souvenir plus heureux du grand art qu'immortalisa le Zeus olympien.

Donc, nulle part encore on n'avait trouvé une série si complète ; et si la fortune voulait qu'une exploration méthodique de la colline de San Albin nous rendît le *spelaeum* et son enceinte, le Mithræum de Mérida serait sans doute un des plus instructifs du monde romain. On est en droit de le prévoir, puisque ce culte, propagé, comme on sait, surtout par les légions et par les vétérans, était particulièrement à sa place dans la Colonie des Emérites.

Sans doute on retrouverait le grand bas-relief de Mithra taurochtone qui devait orner, selon la coutume, le fond du sanctuaire, et, avec des inscriptions utiles, des ex-voto dont les leçons seraient précieuses ; tel celui que possède déjà le Musée, mais dont jusqu'à présent on a ignoré le vrai sens. C'est une scène de banquet : trois personnages sont couchés autour d'une table ronde qui supporte un plateau chargé de fruits ou de gâteaux ; deux hommes debout, à droite et à gauche, assistent au repas ; pliés dans des draperies amples, ils sont par malheur trop peu distincts pour qu'on puisse leur donner un nom. A gauche, un serviteur apporte un plat carré où se détache une tête de bœuf, ce qui déjà fait songer au culte de Mithra ; enfin, derrière le serviteur on voit posé sur un socle une demi-figure qui ne peut être autre chose que Mithra lui-même, tel qu'il est si souvent représenté soit sur les bas-reliefs de la mort du taureau, soit isolément, sortant du rocher d'où il est né, les bras écartés, tenant une couteau et une torche. Ici, les bras sont réduits à deux excroissances, et l'on n'aperçoit pas d'attributs. C'est que la sculpture est tout à fait barbare et populaire : elle n'en a pas moins une grande valeur de document, et nous n'avons pas le droit de la mépriser, puisqu'aussi bien les statues elles-mêmes, sauf peut-être le Chronos léontocéphale et la tête de Sérapis, sont d'un art si pauvre et disent si tristement l'oubli des formes et de la savante technique.

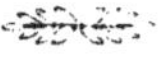

Par bonheur, et pour nous consoler de cette statuaire de décadence, la sculpture décorative fut toujours à Mérida riche et éclatante.

.*.

C'est un enchantement, au sortir du Musée terne
et sombre, de pénétrer dans un admirable champ de
fouilles où tout brille et tout respire dans la joie de la
couleur et de la lumière! Il faut féliciter M.J. Ramón
Mélida d'avoir si bien conduit, avec des ressources
modestes, le déblaiement du théâtre. Que la ruine
était triste, au sommet de la colline désolée, lorsqu'aux
trois quarts enfouie il ne s'élevait au-dessus du sol
aride que sept lourds tronçons de gradins démolis,
las *Siete Sillas*, les Sept Sièges, rangés en demi-cercle
autour d'un maigre guéret! Qu'elle est vivante aujour-
d'hui, dégagée tout entière, la cavea percée de ses
vomitoires avec toutes ses entrées, tout l'orchestra,
toute la scène y compris ses murs et ses décors
de fond, son portique extérieur, ses dépendances !

C'était un vaste monument comme il n'en est pas
d'autre en Espagne, comme il en est peu dans
l'immense monde romain, peuplé de statues, tout
brillant de marbres ! Certes, les statues sont maintenant mutilées, émiettées, douloureuses ; les plaques
qui revêtaient la scène sont comme hâchées ; les
colonnes sont tombées, brisées, les feuilles des chapiteaux corinthiens sont écornées, les frises et les corniches gisent en pièces, et bien que tous les éléments
soient là amoncelés pour une restauration facile, à
laquelle nous convions quelqu'un de nos «Romains»,
on ne peut se défendre d'un réel émoi au spectacle

du vandalisme criminel des générations barbares et des siècles.

Du moins pouvons-nous maintenant admirer et juger. L'édifice, en ses gradins, ses galeries voûtées, est à son tour un modèle de grandeur et de force. Le théâtre n'était pas, comme tant d'autres, taillé tout entier ou en partie dans un hémicycle naturel de colline; il fut construit de bas en haut par les hommes qui, ayant entassé des masses énormes de conglomérat cimenté plus dur que le rocher, les revêtirent d'un puissant appareil de pierres de taille. Sur la rue pavée qui la contourne, la grande rotonde aujourd'hui dégagée élève au-dessous des maçonneries amorphes dépouillées de leur revêtement de granit jusqu'à dix assises de blocs rondement façonnés à bossages où s'ouvrent les cintres robustes et trapus de trois portes publiques ; les galeries percées dans la masse épaisse du blocage, les escaliers intérieurs ou à l'air libre ont bien l'ampleur et la force convenables au flot tumultueux que les voûtes béantes vomissaient sur les degrés.

Mais les gradins eux-mêmes, dont la courbe s'arrondissait avec une grâce ferme, l'orchestra dallée de marbre, la scène basse en avant des grands murs à double étage corinthien, mais le portique de l'arrière-scène et la grande colonnade stuquée décorant la façade extérieure, sont des modèles de lignes élégantes et de décor somptueux. La ville se révèle ici grande ville, grande capitale éprise d'art riche et souvent délicat. Nous ne sommes pas étonnés si des noms de praticiens hellènes se lisent sur quelques chapiteaux, comme on lira, à une époque plus tardive, le nom du sculpteur Démétrios, du reste lui-même habile, sur une statue du Mithræum ; nous nous plaisons à louer ces Græculi qui portaient au loin et faisaient aimer, en leur âge de décadence, le reflet du génie des vrais Grecs.

C'est Agrippa, dit-on, qui fit construire ce théâtre vers l'an 16, et son nom apparaît par deux fois en grandes lettres sur le linteau des deux portes qui débouchent sur l'orchestra. L'une des deux inscriptions identiques fut découverte par de Laborde, notre compatriote, qui fit faire aux *Siete Sillas* quelques sondages ; reperdue depuis, elle a été retrouvée avec sa compagne par M. Mélida. L'œuvre fut reprise sans doute par Trajan, et restaurée par Hadrien en 135, après un incendie. On sait le goût de cet empereur pour le bel art classique, et c'est à lui sans doute que l'on doit, grâce à l'appel d'ouvriers grecs, la pureté s'alliant à la richesse de la sculpture décorative. Pourquoi, faut-il que, sous le règne de l'empereur Constantin, on ait dû retoucher la scène pour la restaurer, ou simplement on ait voulu l'embellir, mêlant la raideur et la pauvreté des plats ornements byzantins aux vigoureuses floraisons des rinceaux classiques, où les jeux de l'ombre et de la lumière avivent et soulignent si harmonieusement les reliefs !

Le théâtre s'embellissait d'une profusion de statues

et de sculptures de toute sorte ; toutes celles qui s'alignent maintenant dans l'orchestra et sur quelques gradins ne proviennent pas de l'édifice, dont on a fait provisoirement un musée en plein air, mais seulement les plus importantes. Au premier rang, il faut placer la grande Junon ou Déméter, abritée pour l'instant au Musée, mais que l'on songe à rapporter sur la scène lors d'une reconstitution possible. Nous avons dit sur la déesse toute notre pensée. Nous ne goûtons pas beaucoup plus la grande jeune femme debout que M. Mélida appelle Proserpine : sa tête manque, ainsi que sa main gauche : mais le bras droit, nu jusqu'à l'épaule, est bien conservé, et il ne manque que deux doigts à la main qui retient un pli d'étoffe ; ce bras est par malheur mou, rond, épais, sans grâce ; le corps est enveloppé d'une ample robe qui plaque sur les seins et sur la jambe gauche, et d'un grand châle dont les pans relevés sur l'avant-bras gauche, au-dessus du poignet, retombent en plis archaïques. L'artiste s'est ingénié à draper richement les étoffes, mais il leur a donné trop de plis, trop de coupures, trop de courbes et de sinus, et cet abus est fatigant. L'œuvre pourtant, taillée dans un beau marbre blanc, est de proportions assez heureuses, et il y a quelque souplesse, sentant les bons modèles, dans le hanchement de la jambe droite, une certaine virtuosité dans la facture des vêtements.

Elle est supérieure au Pluton banal, court, lourdement drapé, dont M. Mélida fait, à notre avis, trop de cas. La tête cependant, comme il l'a dit, ne manque pas d'une certaine majesté. Mais nous préférons à ce dieu quelconque, si souvent vu, deux grands fragments de statues impériales, Auguste et Trajan peut-être. Complètes, elles péchaient sans doute par un peu trop de pompe officielle ; mais elles valaient certainement par une belle simplicité de lignes et par le soin du détail. Les empereurs portaient, avec la courte tunique et le petit manteau, la cuirasse de cuir à bords imbriqués que dépasse une longue frange de lanières. Celle d'Auguste est rehaussée, au-dessous des pectoraux, de deux centaures affrontés qui se cabrent en brandissant des épieux et des trophées ; sur chaque imbrication saillit un motif finement ciselé ; le style de toutes ces images est élégant et vigoureux, dénotant une main légère et sûre. La cuirasse de Trajan, si Trajan il y a, n'est pas ornée avec moins de sobre richesse : un masque de Gorgone grimace un sourire à la naissance des pectoraux ; sur l'estomac s'érige tout simplement un Palladium, tandis que sur le ventre et les hanches se déploient de précieux rinceaux en très bas-relief, et que les lames imbriquées se parent de légers mascarons. Il est bien fâcheux que ces effigies soient ainsi mutilées, sans têtes, sans bras, les jambes brisées aux genoux, car elles prendraient une place de choix dans la phalange des statues similaires.

Tel qu'il est le théâtre restera le joyau de l'Espagne romaine, digne que Mérida figure désormais sur l'itinéraire de tous les touristes de goût. Mais les satisfactions appellent les nouveaux désirs ; les fouilles du théâtre ont exigé d'autres fouilles encore, et tous les amis de l'antiquité espagnole félicitent avec nous D. José Ramón Mélida de ne pas s'être arrêté en si beau chemin.

Le théâtre, si grandiose qu'il fût, ne suffisait pas à la Rome espagnole, avide comme la Rome italienne de jeux et de festins. Tout à côté de lui voici l'amphithéâtre, sa grande coupe ovale vidée des terres qui l'avaient comblée jusqu'aux bords. Déjà en 1888 l'alcalde D. Pedro Maria Plano et D. Manuel Gutiérrez avaient découvert en une fouille officielle trop tôt abandonnée, à l'extrémité du grand axe, l'arc puissant d'une porte monumentale, et cet essai prouvait que le monument était assez bien conservé jusque dans ses parties profondes. Mais ce n'est qu'en 1916, lorsqu'il eut terminé le déblaiement du théâtre, que M. Mélida, aidé plus particulièrement de M. Macias, put s'attaquer à celui non moins long et de résultat plus aléatoire, de l'amphithéâtre. Il y a employé trois ans pour extraire plus de 5.000 mètres cubes de terre et de pierres ; il n'a perdu ni son temps ni sa peine, ni l'argent de l'État, bien qu'il n'ait pas mis la main sur *le bœuf et l'enfant d'or* qu'il y cherchait au dire des naïfs habitants de Mérida.

Avant les fouilles une vaste dépression concave,

tout autour semée d'énormes blocs de maçonnerie dispersés en chaos, marquait à côté des Siete Sillas l'emplacement de l'édifice. Une lointaine tradition, qui semble s'être affirmée pour la première fois en 1646, dans une description du cosmographe portugais Gaspar Barreiros, et qui s'est imposée aux géographes et aux visiteurs depuis Moreno de Vargas au dix-septième siècle jusqu'à Alexandre de Laborde (1820) et D. Gregorio Fernández Pérez (1893), voulait y reconnaître une naumachie. L'idée était née, non moins que de l'imagination populaire et de la demi-ignorance archéologique, de la proximité des aqueducs. D'aucuns prétendaient même avoir vu les conduits d'eau qui descendaient du haut en bas des gradins.

Certains cependant hésitèrent : de Laborde, prudent, suppose qu'asséchée parfois la naumachie pouvait servir de cirque ; mais en 1782 l'orientaliste D. Francisco Pérez Bayer s'oppose résolument à l'opinion courante et reconnaît un amphithéâtre. La question ne s'est même pas posée pour les vrais archéologues qui ont visité les ruines, en particulier pour M. Mélida, et les fouilles ont fait disparaître jusqu'à l'ombre d'une hésitation, s'il en restait. La *Rue de la Naumachie*, aujourd'hui *Rue de D. Pedro Plano*, a bien fait de changer de nom.

Après un lent et long enlisement de plusieurs siècles, l'amphithéâtre est sorti de sa gangue. On en a pu retracer le plan complet, tel que l'avait dressé un habile architecte contemporain d'Auguste (des inscrip-

tions en fixent à peu près certainement la date à l'an 8
avant Jésus-Christ, un peu après celle du théâtre).
C'est, selon la formule classique, un édifice à triple
étage de gradins élevés autour d'une arène ovale orien-
tée exactement du nord au sud. Les axes de l'édifice
total mesurent respectivement 126 m. 30 et 102 m. 65.
ceux de l'arène 64 m. 50 et 41 m. 15. L'accès à l'arène
est donné par deux grandes portes et deux couloirs
voûtés qui suivent le grand axe, l'accès aux degrés
par 14 portes plus petites et des escaliers aboutissant
aux vomitoires. On montait de ces portes au troisième
maenianum par des escaliers étroits noyés dans la
maçonnerie, au second par des escaliers plus larges
dressés dans l'axe même de ces portes. Il n'y a pas
là de dispositions bien particulières : elles sont pour
ainsi dire de règle dans les amphithéâtres romains.

L'intérêt réside plutôt dans l'architecture vigou-
reuse du monument. Il n'est pas, comme le théâtre,
bâti tout entier au-dessus du sol ; une partie des
gradins est creusée dans le roc qu'il a fallu entamer
profondément pour tracer l'immense conque de la
cavea. Mais tout ce qui est bâti l'est, comme le théâtre,
en lourde et massive maçonnerie que revêt partout
un épais placage de pierres bien taillées et assisées.
L'appareil extérieur de ce parement est à bossages, et
l'on sait ce que les bossages donnent aux murailles
de robustesse apparente. Les portes et les vomitoires
sont couverts tantôt d'un linteau droit à claveaux,
tantôt d'un cintre puissant, comme c'est le cas pour

les deux grandes portes ouvertes à l'extrémité du grand axe. Les gradins destinés au public règnent tout autour de la vaste cavea, séparés par les classiques *praecinctiones*, préservés par un *podium* et un *balteus* en briques de plus de deux mètres contre les bonds dangereux des fauves ; ils ont encore par endroits leur revêtement de grandes dalles plates. Enfin deux tribunes construites juste en bordure de l'arène, aux extrémités du petit axe, marquent les places réservées et les places d'honneur. On ne sait pas si au-dessus des trois *maeniana* conservés se dressaient d'autres étages, et en particulier un portique rappelant celui qui, au Colisée de Rome, recevait en masse compacte la menue plèbe de la Ville. Mais tel qu'il est, l'amphithéâtre de Mérida, d'après les calculs précis de M. Mélida, pouvait contenir 5o.ooo spectateurs.

L'arène même, très originale, soulève plus d'un problème. Comme il était de règle, il s'y creuse une vaste fosse, plusieurs fois remaniée ; mais les dispositions en sont obscures. D'abord les proportions sont anormales. Taillée dans le roc elle occupe plus de la moitié de la surface elliptique, s'étendant sur presque toute la longueur du grand axe et sur près de la moitié du petit. D'autre part la forme en est très particulière, car elle se compose d'un grand rectangle central flanqué sur ses deux petits côtés de rectangles plus étroits. La profondeur variable atteint en un endroit 4 m. 85. La partie centrale de la fosse est creusée d'une cuvette oblongue et il semble qu'une galerie s'en détache à l'ouest suivant le petit axe de l'ellipse. Quant aux deux ailes, elles sont divisées par des murettes en cinq compartiments étroits, ceux du milieu se prolongeant et allant se perdre en couloirs voûtés sous les grands couloirs des entrées. De hautes marches irrégulières taillées aux deux extrémités permettent de descendre dans ces tranchées.

La fosse sans aucun doute répond aux nécessités des représentations au cours desquelles on la recouvrait d'un vaste et solide plancher. On y peut reconnaître les souterrains où s'enserraient les bêtes féroces et à certains jours peut-être les martyrs qu'on leur livrait. Libre à l'imagination des archéologues, d'accord avec celle du peuple, de voir les lions et les tigres bondir hors des trappes entr'ouvertes pour déchirer les Chrétiens en prière, aux applaudissements de cinquante mille barbares.

Mais il est étonnant qu'il ne reste rien dans la vaste fosse centrale de divisions qui sembleraient nécessaires pour isoler les cages des animaux, et il paraît aussi difficile d'établir sans supports intermédiaires un plancher de grande résistance sur un trou de plus de 450 mètres carrés d'ouverture. Si nous notons que la fosse, taillée à même le roc, était étanche, et sans vouloir revenir par ce détour à l'idée d'une naumachie, nous oserions presque supposer que la grande cuvette de l'arène était destinée parfois à des chasses ou des combats d'animaux amphibies ou même à

des batailles de gladiateurs en barques, comme on
dit que cela se passait par exemple à l'amphithéâtre
de Pergame. L'eau pouvait dans ce cas être amenée
au bassin par des conduits artificiels mobiles ins-
tallés dans les fosses annexes.

Quoi qu'il en soit, par ses dispositions intérieures
dont le détail a été si heureusement préservé sous
l'amoncellement progressif des terres, par la construction massive de sa maçonnerie et la force des
blocs de granit qui la revêtent, par l'aspect sombre
et presque tragique de ses murailles et de ses gradins
d'où tous ornements accessoires et presque toutes
moulures sont exclus, la grande ruine ressuscitée
devient l'une des plus impressionnantes de l'Espagne
romaine. Elle oppose noblement sa tristesse grandiose à la blanche gaîté du théâtre paré de marbres
brillants, et forme avec lui le plus intéressant ensemble que puisse rêver un archéologue ou un artiste, et
qui sait même si de proche en proche les tranchées
n'envahiront pas tout le cerro de San Albin, où se
cachent à coup sûr bien des édifices religieux ou civils
comme s'y cachait, nous le savons, la crypte de Mithra ?

Panem et circenses! criait la Rome impériale;
eux' aussi, les colons d'Emerita eurent leur cirque,
dont l'emplacement est depuis longtemps reconnu,
dont le plan se lit comme dans un livre, tant la
muraille inclinée en gradins a bien résisté sous la
montée de l'humus et des herbes, tant l'arête cen-

trale, la *spina*, a conservé sans la moindre brèche les contours de sa longue et large plate-forme. tant se dessine avec aisance la place des *carceres* d'où s'élançaient les chars !

On sait combien sont rares et insuffisants les renseignements certains sur les cirques. A défaut du cirque Maxime, du cirque de Maxence, du cirque de Bovile. incomplètement explorés, nous en sommes réduits. pour connaître ces importants édifices, qui jouent un tel rôle à l'époque impériale, aux représen_tations de quelques mosaïques. Le déblaiement de l'hippodrome de Mérida permettra sans doute de résoudre certains problèmes, de préciser nombre de détails et peut-être, tout au moins au long de la spina, recueillera-t-on d'importants débris de ses monuments divers.

Il est bien grand : la masse de terre et de décombres qui a comblé l'arène est si grosse que l'enlèvement en sera très coûteux. C'est que le cirque a vraiment des proportions gigantesques, 5oo mètres de long au moins, sur 100 de large. Il n'avait pas tort, l'historien enthousiaste qui, sans hésiter. l'appela *Circus Maximus*. comme le cirque de Rome. puisque autour de la piste pouvaient se masser aisément quarante mille spectateurs.

Etait-ce donc qu'aux jours de fêtes la passion des courses de chars vidait la ville entière, hommes, femmes, enfants, vieillards, comme aujourd'hui une *corrida de cartel* impatiemment attendue ? N'est-ce

pas plutôt qu'Emerita, grande ville aux confins de
deux grandes provinces, carrefour de routes de premier ordre, attirait par l'éclat de ses réjouissances la
foule des voisins et même des étrangers, comme
aujourd'hui la foule des citadins et des paysans de
régions assez lointaines accourt aux *ferias* andalouses
plus encore pour les plaisirs que pour les affaires ?
Peut-être est-ce par un obscur atavisme que Mérida se
laisse aller maintenant à construire la Plaza de Toros
trop vaste, certes, pour son peuple réduit, mais où les
hôtes appelés des villes et des villages voisins pourront satisfaire leur passion nationale. Pour élever
cette énorme bâtisse informe qui déshonore la colline romaine, l'argent n'a point manqué ; il ne man-
quera pas non plus pour le dégagement du cirque,
que M. Mélida a entrepris avec courage, et qu'il mè-
nera certainement à bon terme. Déjà, paraît-il, les
carceres lui ont livré leur secret. Mais cette œuvre de
patience valait-elle d'être entreprise ? D'aucuns regretteront que le cirque ne reste pas silencieux et désert,
enseveli dans le linceul des blés verts ou des chau-
mes d'or, et que pendant la suite des siècles les mules
indolentes ne se promènent plus en tournant la
frêle charrue, héritage immuable des aïeux, au-dessus
de l'arène où les quadriges ont bondi dans la cla-
meur populaire...

Toujours Mérida a gardé le souvenir orgueilleux de son passé romain. Croyons-en son pieux historien, Gregorio Fernández y Pérez. « Telle, dit-il, une veuve qui, aux jours heureux de son époux, aimait à se faire voir avec les atours luxueux de sa beauté, et qui, réduite à l'état de veuvage et d'abandon, laissant paraître encore en sa pauvre vêture des restes de son antique grandeur, se fait admirer de tous ceux qui la regardent, telle se montre la cité de Mérida, aussi fameuse et opulente dans l'antiquité qu'aujourd'hui pauvre et misérable, sans renom, sans apparat, mais qui pourtant, au milieu de ses ruines, de sa pauvreté, de sa solitude, présente encore une multitude de vestiges et de restes de sa grandeur et de sa beauté passées... »

Ces vestiges, la ville les a toujours recueillis avec piété ; ce sont les fragments antiques encastrés çà et là dans les murailles et dont un très grand nombre sans doute se cachent sous l'enduit de chaux coutumier des maisons ; ce sont les débris de statues et de scuplture décorative, les chapiteaux, les inscriptions recueillis au musée ; ce sont surtout le *templete* de Mars et l'*obélisque* de Sainte-Eulalie, où les modernes ont disposé avec plus d'amour que d'art ou de goût quelques-unes des plus précieuses reliques.

Ce qu'on nomme le *Temple de Mars*, et aussi le *Horno* (le four) *de Santa Olalla*, est un bas et lourd assemblage de pierres hétéroclites formant le portique d'un petit oratoire construit en 1617 sur la place même où la patronne de la ville fut martyrisée. Soutenue par des piliers sans style et des tronçons courts de colonnes écrasés sous des chapiteaux corinthiens de rencontre, une forte architrave porte une dédicace monumentale de Vettilla, femme de Paculus, au dieu Mars ; deux riches bandeaux, délicatement sculptés de rinceaux et de mascarons prolongent à droite et à gauche et en retour d'angles la dédicace. Ces marbres portent par-dessous une élégante décoration de trophées en bas-reliefs, qui conviennent parfaitement à un sanctuaire du dieu guerrier ; un bandeau de même provenance, très usé par malheur, sert de décor central au soubassement de la façade. Ce petit portique écrasé tient lieu de porche à un humbleoratoire, et soutient fâcheusement un fronton renaissance fort inattendu. L'édifice, tel qu'il est, bien que l'ensemble en satisfasse peu notre goût, nous intéresse par le détail de ses membres composites et nous émeut par sa naïveté même. Reconstruit sans doute à la place d'un monument plus ancien, contemporain peut-être de la martyre, n'est-il pas comme le lien qui unit l'antiquité païenne de la ville à son antiquité chrétienne, qui est aussi de la gloire ?

Le *horno* de Sainte-Eulalie se dresse devant la vieille église pittoresque où se célèbre le culte de la patronne. L'histoire et la légende de la jeune enfant sanctifiée par les supplices est bien touchante. Fille du noble éméritain Liberius, Eulalie fut instruite à la foi du Christ par le prêtre Donatus. Son père, redoutant les persécutions de Calpurnius, légat de l'Empereur Dioclétien, l'avait reléguée dans la villa Pontiana, à 38 milles d'Emerita, avec le confesseur Felix, son amie Julia et d'autres néophytes. Mais non contente de se vouer au culte et de s'adonner aux pratiques du christianisme, Eulalie aspirait à gagner le ciel par le martyre. Comme le légat s'affirmait impitoyable. Julia et elle quittent la villa, de nuit, à pied, et vont droit au tribunal de Calpurnius. Eulalie lui reproche avec véhémence sa cruauté et sa folie, sa rage de forcer les chrétiens à adorer les « images des démons ». Étonné d'une telle audace chez une enfant de douze ans à peine, le romain essaie de la calmer, et veut qu'elle brûle de l'encens aux faux dieux. Elle refuse ; Calpurnius ordonne la torture : coups de balles de plomb, baguettes de fer qui déchirent les flancs jusqu'aux os, rien ne fléchit la petite fille qui, comptant ses blessures, s'écriait à haute voix : « Maintenant, ô Christ, par ces blessures tu es plus profondément inscrit sur mon corps. Que j'aime à lire ces caractères, qui répètent ta gloire et ton nom, tracés avec la pourpre de mon sang ! » Le légat furieux fait plonger Eulalie jusqu'au cou dans la chaux vive qu'on arrose : la vierge ne paraît rien sentir. Voici l'atrocité du plomb fondu : touchant son corps, le plomb se refroidit, mais brûle les mains des bourreaux. Nouveaux supplices plus barbares, s'il est possible : Eulalie reste invulnérable.

Enfin, on l'étend sur un chevalet, on la brûle avec des torches, mais elle aspire les flammes, et de sa bouche, ô miracle, s'envole, avec son dernier souffle, une colombe blanche ; les licteurs s'enfuient, laissant le corps sur le chevalet. C'était le quatrième jour des ides de décembre ; la neige qui tombait lui fit un pur linceul, jusqu'à ce que ses frères l'enlevèrent clandestinement et l'enterrèrent avec vénération.

Maintenant, en un autre monument fort laid, mais d'une inconsciente grandeur, le souvenir de la martyre Eulalie domine et perpétue le souvenir de Mérida païenne. Au milieu d'un square aux maigres arbustes une originale colonne a été dressée : sur une base moderne, un socle carré inscrit de ces mots : « *Concordiae Augusti* » porte un autel antique de marbre, de forme ronde, aux sculptures inachevées ; sur cet autel s'en empilent deux autres, de modèles presque identiques, auxquels des bucranes, des guirlandes et des bandelettes sculptés avec une brillante élégance forment une riche parure ; sur les autels, un chapiteau corinthien fort ébréché, sur le chapiteau, un autre chapiteau peut-être, déformé en un cube lourd plaqué d'écussons. Des brides de métal encerclent vilainement ce fût de colonne improvisée pour en assurer l'instable équilibre, et tout au sommet la Sainte est posée debout. C'est une pauvre image, et presque ridicule : son corps trop court et trop épais, quelque médiocre statue antique, est d'une matrone, non d'une frêle enfant de douze ans ; elle lève dans sa main droite une palme ou peut-être une plume à écrire : son bras gauche tient une sorte de tabernacle, peut-être un encrier. Mais, ce qu'il y a de pire, la tête, antique aussi, nous dit-on, insignifiante et lourde, n'a aucun rapport avec le corps où elle s'ajuste maladroitement, et une épaisse plaque de marbre l'écrase d'une lourde auréole opaque. On raconte qu'une nuit la tête d'Eulalie tourna spontanément sur ses épaules, sans doute honteuse d'être vue de la ville ; une restauration de l'obélisque en 1889 fournit l'occasion de la replacer face aux maisons. La tête à l'envers, la Sainte patronne ne devait pas être beaucoup plus comique.

Pour nous consoler de ce fâcheux spectacle, nous eûmes l'idée d'entrer dans l'église où peut-être se cache en quelque creux du dallage le sépulcre de la martyre. Ni Joanne ni Bædeker, ne signalent même d'un mot le sanctuaire, souvent fermé d'ailleurs, et ils ont tort. Santa Olalla, dans ses parties les plus anciennes, mériterait l'étude d'un spécialiste qui démêlerait les éléments de structure byzantine, romane ou moderne, définirait la courbe des arcs légèrement outrepassés, noterait l'élégante sobriété de la baie percée au-dessus de l'arc triomphal, et marquerait assurément à l'église ignorée une bonne place dans l'histoire de l'art religieux en Espagne. C'est l'affaire d'un architecte, qu'on invite instamment au voyage ; et peut-être le sol des nefs et du chœur, prudemment exploré, apprendrait-il que le sanctuaire s'assit sur les fondements ou les ruines de quelque basilique ou de quelque temple.

Pour nous, ce qui nous rend surtout précieux le souvenir de notre visite, c'est, sur un modeste autel à gauche du chœur, l'apparition inattendue d'un Christ admirable, chef-d'œuvre inconnu d'un artiste inconnu. La statue est affublée d'une perruque de femme et d'une longue robe de velours violet, selon la fâcheuse coutume. On ne voit que le visage douloureux sous l'ombre des cheveux pendants, les yeux ardents qui pleurent, la bouche convulsée, les joues livides ; le bois peint joue la vie et la souffrance sans brutalité de réalisme ; l'expression de la torture physique, qui ne peut aller plus loin et nous étreint le cœur, s'est éclairée d'un rayon divin sous la main du sculpteur mystique, pour calmer, par bonheur, l'émotion insoutenable de nos nerfs.

Mais un petit enfant de chœur, effronté moineau de sanctuaire, a sauté sur l'autel ; d'un geste vif, sans insolence, il a retroussé jusqu'au genou la tunique fanée : sous la lumière qui vient d'un peu bas par la porte entr'ouverte se détache, pure et ferme, l'anatomie d'une jambe superbe, que la couleur précise et dégage ; c'est un morceau de maître ; le corps entier, s'il était révélé dans sa nudité première, éclaterait d'une beauté saine et joyeuse, contraste émouvant avec l'angoisse du visage émacié et gémissant.

Cette face d'agonie, ce corps savant et jeune taillé dans le bois avec la perfection des marbres classiques, c'est Mérida chrétienne se faisant presque pardonner par un chef-d'œuvre la ruine et l'abandon d'Emerita.

BIBLIOGRAPHIE. — B. MORENO DE VARGAS. *Historia de la Ciudad de Mérida* (éd. de 1892). — A. Francisco FORNER, *Antigüedades de Mérida* (éd. de 1892). — Gregorio FERNÁNDEZ PÉREZ, *Historia de las antigüedades de Mérida* (éd. de 1893). — Antonio PONZ, *Viage de España*, VIII, carta IV. — P. FLÓREZ, *España Sagrada*, XIII. — CÉAN BERMÚDEZ, *Sumario de las Antigüedades que hay en España* (1832), p. 388. — Alexandre DE LABORDE, *Voyage pittoresque et historique de l'Espagne* (1806-1820). — J. Ramón MÉLIDA, *Excavaciones de Mérida, Memorias acerca de las practicadas en los años 1915-16-18*; *El teatro romano de Mérida*, 1915; *Una casa basílica-romano-cristiana* (en Mérida), 1917. — Maximiliano MACIAS, *Mérida monumental y artística*, 1914. — Pierre PARIS, *Le Mithræum de Mérida* (*Revue archéologique*,

1914, II. p. 1, 31). — J. Ramón MÉLIDA, *Cultos Emeriten-ses de Serapis y de Mithra* (*Boletin de la real Academia de la Historia*, 1914, I, p. 439). — R. LANTIER, *Inventaire des monuments sculptés préchrétiens de la Péninsule ibérique*, 1re partie, Lusitanie (1917), I. Mérida. — *Corpus Inscriptionum latinarum*, II, p. 52 et s., et *Supplementum*, p. 820 et s.

VI

BOLONIA

VI

BOLONIA (1)

(PROVINCE DE CADIX)

Entre Tarifa et Barbaté, une large baie très mollement arrondie en demi-cercle, ourlée de sable en
pente douce, trop ouverte à l'Orient et mal abritée
contre le redoutable *Levante*, bien protégée à l'oues
par une falaise à pic ; en face, les montagnes du
Maroc dans la brume et les points brillants au ras
des flots de Tanger la Blanche ; en arrière, un cirque
profond de pierres à la crête déchiquetée sur l'azur,
le San Bartolomé, la Silla del Papa aux vestiges
préhistoriques, et, s'élevant par ressauts jusqu'au

(1) Depuis que ces pages ont été écrites, l'École de Hautes
Études Hispaniques a fait pendant trois ans des fouilles fruc-
tueuses à Bolonia. L'aspect des lieux a donc bien changé ;
mais il nous a semblé intéressant de fixer ici le souvenir des
ruines telles qu'elles se présentaient avant l'exploration archéologique.

pied de rocs sourcilleux, des étages de champs et de
taillis de palmitos, tel est le site que l'on appelait
jadis *Villa vieja*, mais qui n'est plus aujourd'hui
connu que sous le nom de *Campo de Bolonia*.

Une ville antique y étend ses ruines éparses sous
l'envahissement des sables ou la montée plus lente
des terres, sans qu'on ait encore percé le mystère de
son identité et de son histoire.

La ressemblance du mot *Bolonia* avec *Belo*, nom
donné par Strabon, Pline et Pomponius Mela à un
port de cette côte, lequel semble bien se confondre
avec la *Belonpolis* de Ptolémée et la *Bellone-Claudia*
de l'Itinéraire d'Antonin aussi bien qu'avec *Baelo* ou
Bailo lus sur quelques monnaies rares, autorise une
identification très probable malgré certaines difficultés. Il faut attendre des fouilles méthodiques des
preuves qui jusqu'à présent nous échappent, car l'épigraphie de Bolonia se réduit à deux ou trois débris
d'épitaphes sans valeur.

Si Bolonia fut bien Baelo ou Belo, elle mérite une
exploration sérieuse, car elle eut une réelle importance à l'époque romaine. C'était au dire de Strabon un grand comptoir de commerce, exportant
surtout du poisson salé. Cela pourtant nous étonne,
car la baie, on vient de le dire, est très mauvaise au
Levant, et l'accès par terre, autrefois comme de nos
jours, était si malaisé qu'on le peut justement dire
impossible au grand trafic. Il n'est pas actuellement
de chemin praticable aux chars, même au prix de

beaucoup de peine ; les piétons et les bêtes de charge,
chevaux, ânes ou mulets, ont seuls licence de franchir les cols élevés et rocailleux entre le Campo de
Bolonia et la grand'route qui, à distance, va d'Algé-
ciras à Cadix par Tarifa et Véjer de la Frontera.

Pour rejoindre les ruines le voyage depuis Tarifa
est long et fatigant, mais on n'y regrette pas sa
peine. Le trajet, sauf au départ de Tarifa à travers
une plaine nue, marécageuse, et assez longtemps
monotone, est d'un pittoresque étrange. Dès que l'on
a dépassé la Torre de la Peña haut perchée sur un
roc isolé au bord du chemin et reliée au sol par un
raide escalier de pierre, on quitte la route pour s'en-
gager d'abord sur la grève tout unie et mollissant à
peine sous les pas, puis à travers les dunes acci-
dentées dont le sable rosit au soleil levant, percé de
rares taches vertes, avec un fond gris de hauts rochers buissonneux à gauche, avec, à droite, la moire
ondulante de l'océan bleu. L'on chemine lentement
par un sentier qui cède au pied, tout émerveillé de
cette nature si sauvage et pourtant de lignes si
grandes et si pures, de couleurs si fines sous les premiers feux du jour. Puis c'est l'oasis du cap de Palomas, ses cortijos fleuris, ses jardins cernés de roseaux sonores, ses ravins ensanglantés de lauriers
roses, ses sentes pierreuses entre des haies raides
d'aloès ; puis c'est de nouveau la dune de sable
géante qui, depuis des siècles et des siècles, dans une
poussée lente, mais invincible, des vagues et des

vents. monte, monte toujours à l'escalade des rochers coupés à pic. La sublime barrière résiste encore, et résistera plusieurs millénaires peut-être, mais un jour viendra, jour certain, où les dernières crêtes sentiront leurs roches battues de la poussière submergeante en une tourmente suprême du Levante furieux. Aujourd'hui, comme de grandes vagues figées dont les croupes s'arrondissent en courbes harmonieuses, le sable s'amoncelle sans une tache de verdure, immaculé si quelques traces de pas n'en sillonnaient la surface ondulante, depuis la plage jusque près du sommet des monts. Le soleil, à mesure qu'il prend de la force, le noie de lumière éclatante : plus de rose tendre, de l'or flamboyant ; le feu de l'air brûle le détail, que le regard ne voit plus, et cette intensité de couleur trop chaude irrite les yeux qui se détournent malgré eux, pour se reposer sur la plaine liquide, maintenant d'un bleu plus profond et plus attirant.

Sur le soir, toute cette violence s'apaise ; le soleil couchant ramène peu à peu les nuances adoucies et tendres de son lever ; mais ce n'est plus le rose de l'aurore, c'est le violet qui lentement se décolore en lilas doux, puis s'évanouit en gris léger et fin, qu'un dernier rayon du ciel rouge ranime par instants fugitifs d'un reflet plus vif ; et la nuit vient, endormant dans sa pénombre limpide et flots, et sables, et rochers, nuit de poésie chaude et troublante, nuit mélodieuse des murmures du ressac, nuit embau-

mée de la palpitation odorante des fleurs, nuit de
rêve oriental aux portes extrêmes de l'Occident, où
seuls les éclairs croisés des phares de Tarifa, de
Ceuta et de Tanger et le feu fixe de Palomas révèlent en la solitude d'un monde primitif la civilisation éveillée des hommes proches.

Bientôt, tout au loin, au bord de la frange d'écume
qui stincille et s'argente le long de la grève incurvée,
et sur un long plateau un peu relevé, se détachent
deux petits groupes de maisons basses, toutes
blanches, et çà et là des taches grises dans la verdure ondoyante des champs : c'est Lentiscar et Bolonia, les hameaux modernes, et les ruines de l'antique
cité romaine.

L'approche de la ville se signale par une arche
mélancolique d'aqueduc perdue au pli qu'un maigre
arroyo a creusé entre deux collines, aqueduc ame-
nant jusqu'au centre de Bolonia de l'eau recueillie
aux flancs du San Bartolomé. On en peut suivre
aisément la trace aux restes d'un étroit canal qui ser-
pente à demi-caché, et souvent interrompu, dans les
touffes de palmiers nains et de lentisques. Il est fait
de ce conglomérat de cailloux et de ciment dont on
sait la dureté, qui résiste au pic. A la traversée des
vallons la maçonnerie de l'œuvre en arcades était
plus soignée, et vraiment architecturale, grâce à un
parement de pierres bien régulières et bien assisées
plaqué solidement sur une âme cimentée. Mais il ne
faudrait pas chercher ici l'appareil savant et l'aspect

grandiose qui émerveillent aux chefs-d'œuvre de Tarragone, de Mérida et surtout de Ségovie. La construction est plus modeste, comme il convenait à une ville moins opulente. Elle n'est pas sans majesté cependant en sa ruine inutile et solitaire en travers d'un humble ravin et découpant sur un fond de mer sa silhouette dentelée et déchiquetée par le temps.

Un peu plus loin un autre arroyo, creusant une dépression semblable, était franchi de même manière par un pont à triple arceau ; l'œuvre a souffert plus encore que la première ; quelque secousse terrestre l'a ébranlée, disloquée, en partie jetée à bas ; une seule pile subsiste, décapitée et toute penchée, comme branlante ; sa compagne, coupée presque à la base, a glissé, puis est tombée tout d'une masse et s'est allongée en travers de l'eau qui fait autour d'elle nappe dormante, sans s'effriter ni se désagréger, tant est fort le lien de ciment qui donne aux membres précipités de l'aqueduc une cohésion presqu'éternelle. Les puantes tortues plates et vaseuses, logées aux creux des pierres écroulées, troublent seules de leur nage indolente le miroir silencieux où se reflète la ruine morte.

Puis apparaît l'enceinte, un vaste quadrilatère oblong dont les deux grands côtés, suivant la pente raide de la colline, descendent perpendiculaires au détroit. La muraille, construite comme l'aqueduc, mais ayant à la base de puissantes assises de dalles larges, mais peu épaisses, tantôt dresse encore à quelques mètres sa crête déchiquetée, tantôt s'affaissant et perdue sous les buissons s'entrecoupe de brèches. Seul un bastion, au milieu de la ligne de l'est, élève presque intacte sa masse lépreuse ; un escalier à ciel ouvert y grimpe jusqu'à la plate-forme dominante d'un guetteur. De là-haut la vue embrasse largement, avec le tableau divers des monts, des dunes, des îlots et de la côte africaine, l'ensemble morne de la cité détruite, vaste champ confus de pierres de taille et de moellons. Çà et là quelque monticule signale les restes plus précis d'un édifice, mais c'est seulement à l'automne, quand la moisson est faite, qu'apparaît ainsi la surface désolée où fut la ville florissante, car de cette mort les patients et laborieux indigènes savent faire de la vie féconde ; la charrue, sans crainte de s'émousser au choc des pierres innombrables, fertilise sur la terre qu'elles ont accrochée et retenue entre elles au cours des siècles, et au prix d'un travail pénible, l'orge et les fèves qui poussant dru cachent, au printemps et à l'été, sous un manteau d'émeraude ou d'or les vestiges du passé enfoui.

A l'automne, la récolte faite, on distingue clairement des îlots de constructions démolies à travers la ville étagée, et surtout une grande citerne aux voûtes effondrées où aboutissaient les aqueducs, car outre celui dont nous avons suivi la trace, un autre descendait de la montagne occidentale, et l'on en découvre

encore par endroits des vestiges certains sous les lentisques d'une large *vereda*.

Mais ce qui frappe surtout l'attention, c'est la ruine
du théâtre, encore imposante, qui a résisté à la
montée des terres, à l'envahissement des arbres, des
ronces et des lianes, à la main plus redoutable des
hommes qui n'ont cessé de lui arracher des pierres,
de l'utiliser pour de rustiques habitats, des caves, des
étables ou des bauges à porcs.

Les rares visiteurs de Bolonia n'ont pas manqué
d'être saisis par la beauté sauvage et désolée du site
et l'intérêt du monument. Mais tous ceux qui ont
laissé une mention écrite de leurs excursions se sont
trompés sur sa destination. Le plus ancien d'entre
eux, D. Macario Farinas, dans son *Traité* (manuscrit) *des marines de Cadix à Málaga*, n'en dit rien ;
mais l'architecte D. Amadeo Rodríguez, qui présenta
en 1889 à la *Commission du Musée archéologique et
des monuments historiques de Cadix* une notice sur
Belo (*Diario de Cadiz*, n° 8219), y voit un amphithéâtre. « Le bon état de conservation de l'amphithéâtre, dit-il, est digne de remarque. Les degrés, les
portails et les caves destinées aux bêtes féroces se
distinguent encore parfaitement, et la ressemblance
de ce monument avec les constructions analogues
qu'on admire à Pompéi et en bien d'autres lieux est
frappante. L'hémicycle tourné vers le rivage, et dont
l'un des diamètres est formé par la scène, est habilement disposé, de sorte que le fond du tableau soit

formé par la mer et au dernier plan par l'horizon festonné des montagnes d'Afrique, ce qui donne à l'ensemble une beauté et une grandeur impossibles à décrire. Un aqueduc en maçonnerie, qui vient se perdre dans les alentours de ce monument. me fait soupçonner qu'il aurait peut-être servi en certaines occasions de naumachie. » Cet amphithéâtre qui a une scène et comme toile de fond la mer et les montagnes du Maroc, des caves destinées aux bêtes féroces, qui peut se transformer en naumachie. dénote chez le bon architecte de bien rudimentaires notions d'archéologie classique. On s'étonne que plus récemment, en 1907. le R. P. Jules Furgus, dont on connaît les belles découvertes préhistoriques à Orihuela, et dont un affreux accident a brisé si tôt la carrière scientifique, car il est mort au champ d'honneur d'une chute dans la montagne abrupte qu'il explorait sans prudence, on s'étonne que le R. P. Furgus ait adopté les erreurs de D. Amadeo. « Ce qui attire singulièrement l'attention, a-t-il écrit, c'est l'amphithéâtre, dont les hautes murailles sont à différents intervalles percées par des antres profonds, destinés à renfermer les bêtes féroces. Ce monument, autrefois sans doute magnifique, d'où l'on peut contempler à très courte distance la vaste plaine des eaux du détroit de Gibraltar et les hautes montagnes de la côte d'Afrique, pouvait, dit-on. contenir plus de 5o.ooo personnes. » Le R. P. Furgus a vu trop grand, beaucoup trop grand. Les gradins, tels qu'ils se présentent encore, aux deux tiers enterrés, donnent plutôt l'impression d'un édifice assez modeste, destiné à deux ou trois milliers de spectateurs tout au plus. Une ligne saillante, qui ferme en diamètre très nettement tracé l'arc de la *cavea*, accuse avec une suffisante certitude la forme classique d'un théâtre. Elle suit, à n'en pas douter, le mur arrière de la scène, qui doit subsister à une certaine hauteur sous la terre, et la déclivité brusque du sol à cet endroit même confirme ce qui est plus qu'une hypothèse. Quant aux caves ou aux antres des bêtes féroces, ce sont tout simplement les couloirs intérieurs, plus ou moins obstrués aujourd'hui, qui donnaient accès aux divers étages et desservaient les *vomitoria*. Ce qui a pu faire illusion et évoquer la terrifiante image des lions, des tigres et des belluaires, c'est que ces couloirs sont maintenant au ras du sol, et que les voûtes basses et puissantes, où l'ombre s'épaissit aux plus fortes ardeurs du soleil, ont quelque chose de mystérieux et de tragique. Mais la terreur se dissipe vite, cédant à des visions plus douces L'énorme figuier qui tout à son aise étend sa large frondaison touffue au devant d'un des « antres » béants, les plantes sans nombre qui fleurissent aux joints des pierres, l'odorante végétation qui pare de verdure et de taches multicolores toute la ruine, sont d'une douce poésie champêtre ; où l'imagination de quelques érudits enthousiastes s'est figuré des bêtes féroces, nous vîmes une pauvre famille de pâtres, le père, la mère, une

bande d'enfants beaux et déguenillés à plaisir, hôtes
gratuits de l'arcade débonnaire, accroupis en cercle
autour d'un humble *puchero*.

Le théâtre est placé tout contre la muraille occidentale de la ville, pas tout à fait à mi-hauteur, en un
site dominant d'où la vue est, en effet, très étendue
et fort belle. Le déblaiement en serait facile. n'était
que l'on a construit à la bouche de l'un des couloirs
de gauche une assez grande maison qu'il faudrait
exproprier et démolir. et que le maître utilise le couloir même pour sa cave et son étable à porcs. On
retrouverait certainement sous trois ou quatre mètres
de terre l'orchestra et la scène. Les rangs inférieurs
de gradins doivent être assez bien conservés sous les
décombres. et il serait intéressant de faire revivre
dans son ensemble un petit édifice auquel on ne
connaît pas encore de similaire. Était-il magnifique,
comme le supposait le Père Furgus ? On en peut
douter ; du moins la construction en était habilement
soignée, comme on en juge par le mur extérieur demi-
circulaire qui soutient les gradins. fortement établi
par des chaînages de grosses pierres de taille contenant
un fort blocage de moellons cimentés, et surtout par
l'appareil très robuste des voûtes. Les gros claveaux
de pierre dure assemblés à sec ont résisté, et résistent
encore, sans une rupture, sans un fléchissement, à
toutes les pressions, toutes les poussées, tous les
ébranlements qui partout ailleurs ont abattu les constructions plus légères, aussi bien qu'à la lente dislo-

cation des racines sournoisement glissées à travers les joints et les fissures.

Du théâtre un sentier descend vers la partie basse de la ville et vers le port. C'est là que se trouvaient sans doute le forum, les monuments principaux et le quartier commerçant ; c'est là que s'égrènent aujourd'hui, autour de la dune aplanie en place publique, les maisons, ou plutôt les chaumières des indigènes, et que s'élève, carrée, basse, blanche sous ses tuiles rouges qui détonent et déshonorent le hameau pittoresque, la caserne des carabiniers.

Les habitants de Bolonia ne sont pas des pêcheurs, comme leurs ancêtres de l'époque romaine, et l'on ne voit sur le bord de la plage qu'une pauvre petite barque échouée et démolie. Ceux qui viennent de Tarifa ou de Barbaté, de juin en août, installer dans la baie les filets géants d'une *almadraba* (pêcherie de thons), campent çà et là sur le sable, contre un ressaut de la dune, dans des huttes éphémères. Mais les Boloniens établis à poste fixe sont des agriculteurs et des bergers, des planteurs de blé, d'orge et de fèves, des éleveurs de bœufs et de cochons. Les débris de la ville antique leur fournissent en nombre inépuisable des pierres taillées, des tronçons de colonnes, pour édifier leurs maisons à toits de palmiers nains, et pour enclore par des murailles basses leurs *corrales*, et leurs jardins. Ils sont hospitaliers et serviables, vivant de peu, entassés dans leurs petits logis, dont quelques-uns sont fort propres. Une colonie de gitanes

qui y a fait élection de domicile et semble y prospérer, égaie les seuils au pittoresque de ses haillons
multicolores.

Presque toutes les cases sont précédées d'un joli
patio plein de fleurs cultivées avec grand soin, dans
les vases les plus hétéroclites, vieilles marmites, casse-
roles brisées, bidons à pétrole, fonds de barriques, le
tout méticuleusement blanchi à la chaux ; c'est, à
l'ombre d'une treille, une vibrante harmonie de
couleurs et de parfums, rouges géraniums flam-
boyants, liserons d'un violet sombre, veloutés et
doux, capricieuses capucines brunes, rouges ou jaunes,
basilics vert sombre, ou grands lis blancs au capiteux
arome ; taches vivement nuancées riant sur le blanc
dur des murs enchaulés, senteurs excitées au feu d'un
soleil brûlant, toute une poésie d'élégance rustique
sur un rivage aride et déshérité.

L'une des maisons est d'une grâce particulière.
Une sorte de vieux philosophe des champs, épave
d'on ne sait quels orages, s'y repose à sa façon d'une
vie que l'on devine agitée et décevante. Pour subvenir
à son existence toute primitive et à celle de ses enfants,
d'un pas à peine appesanti par l'âge et la fatigue il
arpente les grèves, les dunes, les sentiers rocailleux
des monts, et va de *cortijo* en *cortijo* apprendre à
lire aux petits rustres, car Bolonia n'a pas d'école,
pas plus que de curé. Mais dès la pointe du jour, ou
le soir sous les étoiles qui se lèvent, ou bien aux jours
de fêtes, il cultive comme un personnage d'églogue

son jardin que des murs de pierres antiques patiemment amoncelées défendent contre le sable. La muraille de la ville traverse l'enclos verdoyant, et peu à peu le maestro en descelle les moellons pour gagner quelques pouces de terrain ou hausser ses défenses. De ses courses à travers les fermes le brave homme rapporte des plantes inaccoutumées ou des pousses d'arbres à fruits qui s'acclimatent, prospèrent, et qu'il montre avec orgueil. Par ailleurs, du sable creusé devant sa maison, sur la place du village, il a retiré des fûts grossiers de colonnes pour soutenir les pampres opulents de son *patio*, et c'est là qu'il savoure à l'ombre l'aguardiente, son péché mignon — ou plutôt son gros péché — en lisant et relisant quelques bouquins tirés d'un coffre sale. Celui qui fait ses délices, — car il sait lire un peu le français, — c'est un vieux Télémaque !

Il est surprenant que l'archéologie n'ait séduit le bonhomme qu'autant qu'elle a pu le servir à édifier ou orner son originale demeure. Car tout semble inviter à la recherche son activité curieuse. Ayant creusé des trous pour extraire des colonnes, il n'a pas eu l'idée d'élargir la fouille pour savoir de quelle construction elles proviennent, pas même pour retrouver leurs chapiteaux et leurs bases. Cela vaut mieux peut-être pour une entreprise future, car il ne semble pas douteux que tout ce site est riche en antiquités, et qu'il cache un quartier de la ville assez bien conservé. Il y avait dans tous les cas une importante

usine à salaisons, dont le maître d'école a nettoyé
jadis, au hasard de son jardinage, plusieurs bassins
presque intacts.

Du reste, tout le long de la muraille qui borde la
mer, quand le vent a balayé un peu du sable qui la
recouvre, on aperçoit d'assez nombreux vestiges de
bassins du même genre. Le sol et les parois en sont
formés d'un conglomérat très résistant de mortier,
de petits cailloux et de débris de tuiles ou de briques
réduits presque en poudre. Ils devaient s'aligner en
assez grand nombre, et à des niveaux différents, ce
qui s'accorde bien avec le souvenir que les anciens
nous ont donné de Belo. Ces établissements avaient
débordé de l'enceinte murée, car on reconnaît encore
quelques fosses de même type le long du talus des
dunes, assez loin vers l'Occident, jusqu'aux bords de
la plage où les ancres énormes d'une récente almadraba abandonnée dressent tristement leurs cornes
rongées et noires en alignements bizarres, et semblent
les bras crispés des naufragés à demi enfouis d'une
lamentable armada.

Presque en face de la caserne des carabiniers, l'intérêt se concentre sur un étroit terre-plein, en arrière
d'une masure décrépite et d'une affreuse baraque
couverte en tôle ondulée qui sert de cantine, et sur
le bout de plage qu'il domine. Là se voyaient encore
il y a quelques années plusieurs énormes chapiteaux
de style étrange, posés sur des fûts de colonnes émer-
geant un peu du sable. Une excellente photographie,

faite il y a au moins vingt-cinq ans, et dont nous pouvons reproduire ici une épreuve, montre bien l'un de ces monuments dont le style semble corinthien, mais interprété par la maladresse ou la fantaisie d'un sculpteur indigène. La grosseur de l'œuvre que l'on voit, l'importance de celle qu'on soupçonne, ont excité l'imagination des visiteurs ; ils ont inventé un temple de Baal (le nom de Belo les a peut-être mis dans cet voie) dont aucun auteur n'a jamais fait mention. Pour nous, la situation de la ruine et le peu d'élévation de la plate-forme, qui ne pourrait contenir que des colonnes assez courtes, semblent peu favorables à l'hypothèse d'un temple ; seules des fouilles pourront révéler la vérité.

Pour le moment, une seule des colonnes affleure à la surface du terre-plein, mais sans son chapiteau, qui a disparu avec les autres. Il y a quelques années, on eut l'idée d'enlever ces précieux restes pour les emporter au Musée provincial de Cadix, et on les précipita sur la plage au pied du mur, pour en rendre l'embarquement plus facile. Un petit voilier monté par neuf hommes s'en vint de Tarifa, mais en doublant la pointe de Palomas le bateau se perdit corps et biens sur de dangereux récifs, et depuis lors les chapiteaux sont restés à l'abandon dans le sable, mêlés à de nombreux blocs, travaillés ou non, détachés de la muraille ou des édifices qu'elle soutenait. Le sable les a promptement recouverts et assez profondément enfouis ; on ne les voit plus. Mais les habitants de Bolonia en connaissent le gisement à peu près exact, car parfois un grand souffle de Levante ou quelque grande marée déferlant en lames puissantes balaie le linceul qui les cache, et pendant quelques jours ils réapparaissent à la surface, bien nettoyés et brillant au soleil, pour la grande joie des enfants qu'émerveille le dessin mystérieux de leurs rinceaux et de leurs acanthes.

Il sera facile, en somme, de les sauver, et, si l'on en juge par la photographie, ils en valent la peine, car les spécimens de l'architecture de la Grèce et de Rome modifiée au goût et à la technique espagnols sont encore trop rares pour que l'on néglige des monuments d'autant plus intéressants qu'ils furent élaborés au fond d'une province difficilement accessible, où durent se combiner à des éléments indigènes originaux des éléments asiatiques ou africains avec des éléments classiques.

C'est, du reste, ce que font supposer aussi quelques gros fragments décorés que l'on remarque çà et là encastrés dans les murs des patios ou des jardins, fragments de corniches ou de frises, ou même de frontons, malheureusement rongés par l'air marin. Ils proviennent tous d'édifices de grandes dimensions et construits en gros appareils, contrastant avec les bâtisses en moellons que nous avons notées jusqu'ici. Ils permettent de soupçonner une architecture monumentale, religieuse ou civile, puissante, riche et originale.

Les pierres proviennent en partie de la falaise de l'ouest, où l'on voit encore de grandes tailles antiques, mais surtout de très belles carrières situées à la crète de la montagne qui domine Palomas, et à mi-flanc de laquelle passe le sentier de Tarifa à Bolonia. C'est là que le sable monte le plus hardiment à l'escalade des roches, et ce serait une ascension longue et difficile d'atteindre les coupes énormes; mais on les voit très nettement de loin, défendant avec majesté leur haute muraille verticale et nue contre l'envahisseur, et sur la pente de la dune, au bord du chemin, on croise avec étonnement plusieurs gros tambours de colonnes qui, taillés et dégrossis dans la carrière même et restés inutiles, ont roulé lourdement vers la mer et se sont arrêtés à mi-hauteur dans le sable mou, peu propre aux glissements, sur un étroit plateau où le temps finira par les ensevelir.

Reste enfin la nécropole de Bolonia qui s'étend tout le long de la plage, en dehors de la muraille de l'est. Par malheur, elle fut connue des indigènes depuis un temps immémorial, et n'a cessé d'être l'objet d'un pillage systématique.

Un important mausolée la signale tout d'abord aux regards. C'est une construction quadrangulaire surmontée, au-dessus d'une corniche délicatement profilée, par un couronnement en pyramide. Le tombeau s'élevait certainement sur un socle de hauts gradins, aujourd'hui enterrés ; il paraissait donc plus élancé et plus svelte, et la silhouette en rappelait quelques

beaux tombeaux lyciens. Construit en moellons
cimentés, comme presque toute la ville, il était du
haut en bas recouvert d'un stuc qui s'est conservé
en mainte place, malgré les dégradations continuelles
des surfaces et de la maçonnerie. Si le monument
n'a pas disparu et découpe encore sur la vaste esplanade nue du cimetière sa tache grise, égayée au pied
par le foisonnement vert d'un palmier nain, c'est
assurément qu'il prit de très bonne heure un caractère sacré. Quelques voyageurs semblent l'avoir dési-
gné sous le nom de Tour de Bolonia ; mais les habitants du canton l'appellent encore la chapelle de
Santa Catalina, et il semble bien que la petite
chambre funéraire ménagée dans la masse presque
sous la corniche. depuis bien longtemps ouverte à
tous les vents, après avoir abrité l'urne cinéraire
d'un riche ibéro-romain, est devenue la niche de
quelque image primitive de la sainte.

Tout autour le champ est semé de sépultures. Le
R. P. Furgus, qui en a fouillé une trentaine, a noté
avec soin ses observations : « Un dièdre presque à
angle droit, dit-il, formé par deux grandes dalles en
terre cuite (tuiles romaines) de o m. 60 de longueur
et de o m. 40 de largeur, donnait à la sépulture l'aspect d'une petite tente funéraire. L'arête du dièdre,
parallèle aux deux bords appuyés sur le sol, était
recouverte de deux tuiles ordinaires qui servaient à
préserver des infiltrations de l'eau le dépôt funéraire.
L'une des dalles était généralement perforée d'un

orifice ouvert à environ un quart de longueur de la dalle. A côté d'une des ouvertures de la petite chambre funéraire se trouvait une cruche ou grand vase dont le couvercle était une écuelle en terre cuite très commune... Ces vases étaient très vulgaires et bien loin de l'élégante finesse de la céramique qui accompagne ordinairement les tombes grecques et romaines.

« L'intérieur de la chambre funéraire contenait presque toujours un grand nombre d'objets très variés. »

Ces objets, que le R. P. Furgus énumère par le menu, sont surtout des récipients en verre, de toutes formes et de toutes dimensions, depuis des écuelles jusqu'à ce que l'on est convenu d'appeler des lacrymatoires ; puis viennent les vases et lampes de terre cuite où domine le *barro saguntino*, quoique l'auteur n'ait pas nettement reconnu cette fine poterie rouge vernissée et décorée au moule (toute la partie du cimetière est semée de débris de ce genre). Le métal est rare : des clous en fer et en cuivre, des miroirs, quelques rares bijoux de bronze, très simples et modestes, des monnaies ; quant à la pierre, elle n'est représentée que par un débris d'épitaphe romaine, un mortier en marbre et deux têtes tellement rongées qu'on ne peut leur attribuer aucune valeur. Cependant, si elles restaient uniques, elles donneraient une bien piètre idée de la sculpture funéraire de Bolonia, tant on les devine barbares.

Le Père Furgus n'a pas noté de petites auges de pierre destinées, tels de petits sarcophages, à renfermer des urnes cinéraires fragiles, de terre cuite ou de verre, ou même à remplacer les urnes, ni des cippes plus ou moins hauts en forme d'autels, dont plusieurs gisent sur le sable aux environs de la chapelle de Santa Catalina.

L'explorateur n'a pas non plus porté son attention, et cela est regrettable, sur d'autre tombeaux dont un certain nombre ont été pillés et violés depuis longtemps, et dont plusieurs sont restés presque à découvert. Ceux-là sont de vraies fosses funéraires, oblongues ou carrées, plus ou moins profondes, construites en bonnes pierre et revêtues intérieurement de stuc. Peut-être au-dessus de ce caveau, destiné à contenir les urnes de toute une famille et les offrandes rituelles, s'élevait-il un édicule du genre de la chapelle de Santa Catalina, ou simplement un tertre couronné d'un cippe ou d'une stèle. Certainement quelques-uns de ces tombeaux de riches demeurent intacts sous le sable, et promettent à une recherche systématique, avec une riche récolte d'objets divers, toujours précieux, des observations utiles sur une forme de sépulture que nous jugeons, à première vue, assez nouvelle.

Cette nécropole fut utilisée pendant une longue période, puisqu'on y a trouvé des monnaies de Faustine aussi bien que des empereurs Constantin et Constance, et que, d'autre part, à l'extrémité ouest,

tout contre la ville, se trouvent des tombeaux chrétiens, aisément reconnaissables aux cuves de pierre
creusées à la forme du corps humain, avec cavité
ronde pour la tête, recouvertes de larges dalles plates
débordantes, et mises en terre sous une mince couche
de mortier de brique.

Du reste, sur tout le terrain autour de la ville, et
surtout sur la dune broussailleuse qui borde la plage
à l'ouest au delà d'un petit ruisseau, on retrouve des
tombes éparses. Le Père Furgus a signalé particulièrement un petit cimetière, tout près du rivage. Les
corps y furent non plus incinérés, mais inhumés :

« Les tombes d'inhumation, dit-il, étaient entassées
dans un bloc de maçonnerie presque pétrifiée, ce qui
rendait le travail des fouilles très long et très difficile.
Pour comble de malheur, les niches ne renfermaient
que le squelette, deux ou trois gros clous en cuivre
ou en fer, placés pêle-mêle entre les pieds du ca-
davre, quelques anneaux de cuivre, mais en lames
si minces et si rongées par l'humidité qu'elles tombaient en pièces au moindre contact, et finalement
parfois des restes de poterie. Je crois cependant
devoir mentionner deux sarcophages en pierre, mais
sans inscriptions, qui parurent ici ; l'un d'eux contenait deux squelettes parfaitement conservés... Il
fallut me résigner à abandonner sur le rivage ces
deux grands blocs de pierre, en présence de l'impos-
sibilité du transport. »

Nous n'avons pas retrouvé ces deux sarcophages.

Telle est Belo, où nous attiraient l'éloignement
sauvage du lieu, la curiosité de ruines mal connues
dans un paysage rare, et le dessin ébauché d'une exploration future. Nous entreprendrons de fouiller la
cité romaine : avec sa muraille et ses tours, son
théâtre, ses aqueducs, ses édifices écroulés, son port,
les usines de ses pêcheries renommées, ses cimetières,
la voici bien sous nos yeux, prête à dépouiller son
manteau de sable. Mais cette ville, ce port, dont rien
n'apparaît qui ne soit d'époque romaine, où seulement quelques décors de sculpture architecturale
sont les témoins d'une population indigène, cette
ville et ce port sont-ils la création bien méditée, en
un site choisi par eux, de conquérants désireux de
faciliter le cabotage et les échanges avec la côte africaine ? Sont-ils nés tout simplement de l'exercice de
la pêche, pour l'industrie et l'exportation des poissons salés ? Mais alors, que signifient ces monnaies à
légende indéchiffrable, écrites en caractères qui ne
sont ni grecs, ni phéniciens, ni ibériques, et qu'en
désespoir de cause les numismates disent bastulo-
phéniciens ? Ne sont-elles pas comme l'affirmation
certaine qu'un établissement indigène a précédé le
romain ? Et, s'il en est ainsi, où se cache, sous quelle
couche profonde est ensevelie cette ville primitive,

dont l'importance archéologique dépasserait de si haut celle de la ville romaine ? Ou bien cette vieille cité d'une tribu peut-être venue d'Afrique s'élevat-elle quelque part en arrière de Bolonia, sur une de ces hautes collines décapitées en plateau qui dominent d'un peu loin la rade ouverte, admirables observatoires, et non moins admirables châteaux forts naturels, où les Romains, du reste, dressèrent des tours de guet et des fortins imprenables ?

Voilà ce qu'un temps, sans doute assez prochain, nous dira, et à défaut des découvertes sensationnelles que ce site privilégié semble promettre, quelle idéale saison de fouilles peut rêver l'archéologue artiste sur la plage indolente et vermeille, dans les collines ardentes, en face de cette mer tantôt d'azur comme la Méditerranée, tantôt glauque comme l'Océan, au bord de ce détroit, le plus illustre du montre, où la légende et l'histoire, l'histoire de jadis et l'histoire d'aujourd'hui, hélas ! entremêlent leurs souvenirs de poésie éclatante et de drames sombres.

Bibliographie. — Antonio Ponz, *Viage de España* (1794), XVIII, carta II, p. 73. — Céan Bermúdez, *Sumario de las Antigüedades que hay en España*, p. 231. — A.

Rodríguez, *Diario de Cadiz* 1889, n° 8219. — P. de Madrazzo, *España, sus monumentos y artes*. p. 181. — Madoz, *Diccionario geográfico-histórico* s. v. Belon. — A. de Castro, *Historia de Cadiz* (1858), p. 14. — R. P. Julio Furgus, *Annales de la Société archéologique de Bruxelles*, XXI, p. 149.

VII

AU PALAIS DE LIRIA A MADRID

(PALAIS DU DUC D'ALBE)

VII

AU PALAIS DE LIRIA
PALAIS DU DUC D'ALBE A MADRID

Il n'est pas toujours nécessaire, pour faire d'intéressantes promenades archéologiques, d'entreprendre de longs et coûteux et parfois pénibles voyages aux cités mortes et aux ruines perdues au fond de lointaines campagnes désertes. Il est dans les grandes villes, et même dans les petites, des collectionneurs passionnés dont la maison s'emplit des précieuses reliques des monuments retrouvés au hasard d'explorations accidentelles, des souvenirs de voyages et de pèlerinages aux terres classiques, du trésor d'héritages de famille accumulés, et ces collections, très bienveillamment ouvertes par la *caleallerosidad* espagnole, réservent au visiteur les plus agréables surprises et les plus inattendues.

A Madrid même le plus courtois, comme il est le plus cultivé des très grands seigneurs, fait avec une extrême bonne grâce à tous les amoureux de l'art et de la beauté les honneurs de son magnifique palais, nous allions dire de son admirable musée de Liria.

Notre prétention n'est pas de révéler les richesses d'archives et de livres, les trésors de peinture et de sculpture dont la renommée est générale et qu'ont fait connaître des publications aussi somptueuses que savantes; mais quand nous allions admirer les Titiens, les Velázquez et les Goyas, sans parler de maintes autres merveilles de la peinture espagnole et italienne aussi bien que française, allemande, flamande ou hollandaise qui sont la gloire du Palais, notre joie fut grande de voir que quelques antiques de premier ordre avaient, grâce au goût de leur noble possesseur, trouvé des places de choix à côté des chefs-d'œuvre modernes, et nous rendons mille grâces au Duc qui si aimablement nous permit de les contempler, de les étudier, de les photographier à loisir, et de les publier comme ils méritent de l'être.

Les antiques du cabinet d'Albe ne sont d'ailleurs pas inédits.

Lorsqu'Emil Hübner publia en 1862 le catalogue intitulé : *Die antiken Bildwerke in Madrid*, il n'eut garde d'oublier l'intéressante collection du Palais de Liria, sculptures et vases peints.

Les archives du Palais, nous a assuré M. l'archiviste Paz y Melia, que nous remercions de sa complaisance, n'ont aucun document sur leur provenance. M. Angel de Barcia, dans la préface de son

Catalogue des tableaux du Palais de Liria, dit seulement que les antiquités du Palais furent rassemblées en Italie par le duc D. Carlos Miguel Fitz-James, Stuart et Silva, duc de Berwick et Albe, au commencement du dix-neuvième siècle. Hübner nous apprend de plus qu'avant d'entrer au Palais de Liria et d'y être bien placés par les soins de la femme du Duc, la sœur de l'Impératrice Eugénie, les objets étaient gardés, assez en désordre, dans un pavillon du jardin.

La collection se composait alors de six statues ou torses, de trois têtes de marbre et d'une de bronze, et de quelques vases peints. Aujourd'hui le nombre des statues et des bustes a diminué par suite d'une vente sur laquelle il serait intéressant d'avoir des détails. Mais il reste, avec les vases, trois marbres de premier ordre dont la Maison d'Albe n'a heureusement pas voulu se défaire, en ayant reconnu la valeur inestimable. Le sec érudit qu'était l'épigraphiste Hübner ne semble pas en avoir justement apprécié le mérite, et l'on ne se douterait pas, à lire son catalogue, que de ces trois antiques deux au moins sont des chefs-d'œuvre dont même le voisinage d'admirables toiles des plus grands maîtres n'éclipse pas la beauté.

Hübner a étudié la tête de femme dont nous donnons l'image dans les *Memorie dell'Instituto di Corrispondenza archeologica* (II, p. 34) et en a publié un dessin (tabl. 3). Dans ce travail il cherche à démontrer qu'il s'agit d'une Athéna, pour cette raison peu probante que l'on ne peut songer à une autre divinité.

C'est sans doute sur ses avis qu'on la désigne au Palais de Liria sous le nom de « *Minerve sans casque* ». Dans *Die Antiken Bildwerke in Madrid* le savant ne s'était pas encore fait d'opinion, car il dit que c'était peut-être une Aphrodite ou une Muse, ou une simple mortelle. Il en est existe un moulage au Musée de Berlin. Friederichs-Wolters, dans leur Catalogue de ce musée, sans se compromettre, y reconnaissent simplement une tête idéale (1).

Hübner affirme que l'œuvre est grecque, ce qui n'est pas douteux, mais il ne dit rien du style ni de la date. Friedrichs-Wolters prétendent que « par la forme et l'expression elle se rapproche des têtes du temple de Zeus à Olympie ». Cela nous semble tout à fait inacceptable. Nous n'y voyons aucun de ces traits d'archaïsme qui donnent aux têtes de jeunes femmes des frontons d'Olympie une gravité que nous retrouvons sans doute dans la tête d'Albe, mais aussi un peu de raideur et même de dureté qui sont absentes d'ici. En revanche ce qui nous frappe, c'est la rondeur et la plénitude de la forme où ne reste plus rien de la sécheresse antérieure aux grands maîtres de la seconde moitié du cinquième siècle, la simplicité souple de la chevelure qui n'a plus rien des symétries compliquées de l'archaïsme, et la sérénité de l'expression.

(1) Friederichs-Wolters, *Die Gipsabgüsse antiker Bildwerke* (Königlische Museen zu Berlin), n° 214.

Nous proposons donc de la placer au nombre des têtes idéales qui, influencées par Phidias, et faisant prévoir la proche venue de Praxitèle, sont parmi les œuvres les plus admirées de la fin du cinquième siècle. Il suffit de parcourir le *Recueil des Têtes antiques idéales ou idéalisées* de M. Salomon Reinach pour lui trouver un certain nombre de sœurs dont elle est digne, Aphrodites, Athénas, Héras, Artémis, Muses ou mortelles. Nous la rapprocherons plus volontiers de la prétendue tête de Muse du Vatican (Pl. 161) et de la tête de déesse d'Éphèse au Musée de Constantinople (Pl. 160) qui excita si bien l'enthousiasme juvénil de M. E. M. de Vogüé, et où l'on retrouve avec la coiffure presqu'identique, le même arrondissement de l'arcade sourcillère, le même dessin des paupières et des yeux, les mêmes lèvres saillantes légèrement écartées suivant une ligne à peine onduleuse, le même galbe alourdi du menton. Il est à remarquer que l'ovale du visage est un peu dissymétrique; cela résulte peut-être de la position de la tête sur le cou, mais n'en est pas moins assez fâcheux et désagréable lorsqu'on regarde le marbre bien en face.

Comme l'a remarqué Hübner, la tête a été sciée d'une statue. Il est donc difficile de dire quel en était au juste le mouvement. Il semble pourtant qu'elle dut être assez levée et penchée à la fois sur l'épaule gauche, attitude qui convient peut-être mieux à une Aphrodite ou à une Muse qu'à une Athéna ou une Junon. Nous n'attachons pas, pour notre part, d'importance significative à ce que les cheveux ne sont pas figurés sur tout le sommet du crâne, en arrière du cercle qui retient et limite les bandeaux. On ne voit pas bien comment un casque, même un casque de métal léger, aurait pu être placé et maintenu sur cette surface ronde et lisse. Nous n'admettons pas mieux que la peinture soit venue suppléer la sculpture, car nous ne devinons pas le motif de ce mélange. Plus simplement on peut croire que le sculpteur s'est abstenu d'un travail inutile ; la statue, comme il est probable, étant destinée à s'élever sur un socle, et la tête d'ailleurs étant un peu inclinée en arrière, le spectateur ne pouvait remarquer l'absence de mèches dessinées sur l'occiput.

Quoi qu'il en soit, Aphrodite, Athéna, Muse, déesse ou mortelle inconnue, cette tête suffirait à illustrer le cabinet d'Albe ; c'est vraiment un morceau de duc.

II

Voici maintenant un morceau de roi.

Dans le salon où est exposé l'hermès de Dionysos et juste au-dessus de lui, est suspendu l'un des plus admirables portraits peints par Velázquez, celui de la petite Infante Margarita Maria, la même qui rayonne au centre du tableau des Ménines, toute jolie et précieuse en son extravagant garde-infante, toute brillante sous la caresse d'un pinceau trempé de lumière. Cependant le dieu pittoresque et jovial fait bonne figure en si imposante compagnie, et il faut louer celui dont le goût hardi et sûr n'a pas eu peur de l'exposer à un si dangereux voisinage.

Hübner, dans son catalogue (n° 572) se contente de dire :

« Marbre italien. Hermès avec la tête de Bacchus barbu, de grandeur naturelle. Il porte une couronne de feuilles de vigne sur sa longue chevelure qui comme la barbe est très élégamment disposée. Style archaïsant du temps de Trajan. »

L'hermès a un peu souffert ; le bout du nez a été emporté ; le bord de la stéphané est éraflé : quelques unes des feuilles de la couronne et une des pointes de la barbe sont brisées ; surtout dans toutes les parties hautes du marbre le relief est émoussé et usé, et cela depuis de très longues années, car sur toute la surface, et même sur les cassures et les éraflures s'est étendue une très harmonieuse patine chaudement dorée. Les deux tenons qui, plantés aux épaules, étaient destinés à suspendre les couronnes-offrandes, et qui étaient ici rapportés, comme en témoignent deux mortaises, ont disparu, mais toutes ces mutilations, comme cicatrisées par la patine, ne nuisent pas à l'élégant effet de l'ensemble.

Dionysos est représenté sous les traits d'un homme jeune, bien en chair, aux yeux subtils, aux lèvres gourmandes et voluptueuses, barbe et cheveux très soigneusement calamistrés et coquettement attifés de bandelettes, de feuillages, de fleurs et de raisins. Ce

qui frappe surtout en son visage, c'est le modelé très
gras et souple du nez, des joues et des pommettes,
que l'on devine rubiconds, le dessin de la bouche lippue, la vie joyeuse des yeux, qu'avivent les
prunelles légèrement marquées d'un trait incis, et
l'expression de santé superbe, de bonne humeur
ironique.

En arrière d'un double rang de bouclettes en coli-
maçons que maintient une stéphané basse et discrète
rayonnent de l'occiput des mèches finement tracées
en très bas-relief qui tombent sur le dos en simple
catogan ; par devant la stéphané, la couronne dispose
avec beaucoup d'ingéniosité ses feuilles et ses fruits,
sans couvrir ni trop ombrager le large front. Une
grappe de raisin tombe mollement, à droite et à
gauche, devant les oreilles, et deux grosses fleurs, un
peu trop endommagées pour qu'on en puisse préciser
le nom (des narcisses peut-être), font saillie au-dessus
des tempes, comme de naissantes cornes émoussées.
Quant à la barbe, naturelle ou postiche, c'est le chef-
d'œuvre d'un artiste du peigne et du petit fer : tandis
que la longue moustache tombe en rubans bien
symétriquement ondulés et terminés en boucle, déga-
geant librement la lèvre supérieure, la barbe très
épaisse et fournie depuis les oreilles s'étale largement
comme on dit, en éventail ; les mèches, où pas un
poil ne dépasse l'autre, s'écartent sur les joues et descendent en une triple ondulation très régulière. Elles
sont séparées sous le menton, bien dans l'axe du

visage, en deux masses très symétriques dont les deux
pointes fines sont attachées ensemble en un nœud
original. Cette barbe savante ne repose ni sur le cou
ni sur la poitrine : évidée par dessous, elle est hardiment détachée de la face, gagnant ainsi une légè-
reté élégante ; seulement, afin de consolider et de
fixer pour ainsi dire la lame de marbre dangereusement dégagée, le sculpteur a pris soin de l'unir au
corps de la stèle de l'hermès par le nœud terminal
des deux pointes, nœud dont la coque gauche a
d'ailleurs été cassée. Il n'y a pas ici, comme en d'autres
têtes de la même famille, de papillotes tombant des
oreilles aux épaules, mais, de chaque côté, trois bandelettes plissées, disposées avec art, qui pendent assez
bas sur la poitrine.

La tête surmonte la stèle cubique de l'hermès, où
s'accuse par un angle net le raccord du bloc équarri
au buste, disposition dont il y a du reste d'autres
exemples, et tout le haut de la gaine est couvert des
plis tombants ou arrondis de la tunique drapée aux
épaules du dieu.

Le Dionysos d'Albe n'est pas un type nouveau. Il
n'y a pas lieu d'insister ici sur tous les hermès de
Dionysos si fréquents dans l'art grec et romain, ni de
rappeler toutes les images de Dionysos chevelu et
barbu, Εὐρυχαίτης, Σφηνοπώγων, Pogonites, bas-reliefs,
bustes ou peintures de vases ; nombre de ces représentations sont classiques. Ce qui nous importe, c'est
de décider si vraiment l'hermès d'Albe est une œuvre

archaïsante de l'époque de Trajan, comme l'a affirmé
Hübner, ou s'il faut le rattacher à un autre style et à
une autre époque.

Le critique allemand ne donne pas ses raisons,
mais on les devine. La disposition des cheveux et de
la barbe est assurément à la mode archaïque, et certainement aussi dans la forme du visage et son
expression l'on retrouve presque tous les caractères
de l'art contemporain des guerres médiques ; mais
un œil exercé ne peut s'empêcher de noter aussi une
liberté de style et une souplesse de facture, une
recherche élégante dans l'ornementation de la tête et
de la couronne, une expression générale du visage
qui nous obligent à descendre à une époque très postérieure, en plein âge classique et peut-être même
hellénistique. D'autre part, il y a lieu de tenir compte,
afin de ne dissimuler aucune des données du problème, que certains évidements trop secs au centre
des bouclettes des cheveux, aux feuilles et aux fruits
de la couronne, et là seulement, semblent les traces
du jeu des forets, et nous serions ainsi ramenés à
l'époque romaine.

Mais il ne faut pas oublier que le goût de l'archaïsme
n'a pas attendu pour se manifester l'âge d'un Pasitélès ou de l'Empereur Trajan. Il suffit de rappeler
le célèbre buste de bronze trouvé à Herculanum, que
l'on a tout d'abord appelé Platon, et que l'on se
demande maintenant si on doit appeler Dionysos ou
Poseidon. S'il a en effet quelques traits de pur ar-

chaïsme, surtout la disposition et la facture des cheveux et de la barbe, le mouvement souple de sa tête inclinée, la sévérité majestueuse de son visage et la souplesse du modelé, contrastant avec la stylisation des détails précédents, ont ramené tous les critiques vers le milieu du quatrième siècle. Ils ne songent pas à taxer l'œuvre d'archaïsante, parce qu'elle est trop sincère, et de style trop libre.

Il y a surtout lieu de comparer le Dionysos d'Albe à un autre hermès du dieu dont il est beaucoup plus proche par certains côtés, non seulement par sa forme d'hermès, qui est ici secondaire, mais par l'arrangement et la technique de la barbe et des cheveux. Il s'agit du Dionysos-hermès de Mahdia, œuvre de Boéthos de Calchédon, au Musée de Tunis (1). L'archaïsme y est plus frappant que dans le buste d'Herculanum, et il consiste non seulement dans la barbe et les cheveux, mais dans la raideur des lignes du nez et des orbites creuses et la sécheresse indéniable du modelé. Mais ici non plus on ne peut songer à quelqu'œuvre des disciples raffinés de Pasitélès ni des archaïsants romains, puisque l'hermès est signé, et que nous savons avec précision que Boéthos vécut au deuxième siècle avant Jésus-Christ. MM. Merlin et Poinsot ont proposé, non sans quelque vraisemblance, d'admettre que « Boéthos s'est contenté de

____

(1) A. MERLIN-L. POINSOT, *Bronzes trouvés en mer près de Mahdia* (Tunisie) Monuments Piot, t. XVII, pl. IV.

reproduire avec une certaine liberté une figure de l'archaïsme avancé analogue à l'Hermès populaire d'Alcamène ».

Or, comme nous ne discernons dans le Dionysos d'Albe rien qui sente l'apprêt, la convention, et nous pourrions dire l'ironie spirituelle des faux primitifs, et que nous y admirons au contraire une rare franchise d'inspiration avec une grande souplesse de technique, comme le sourire naturel, ingénieusement esquissé du dieu n'a rien du sourire factice et forcé, presque grimaçant de l'Artémis de Pompéi par exemple, il nous semble tout indiqué de ne pas lui chercher une date plus basse que celle du bronze de Boéthos, et nous serions même tenté, remontant assez loin en arrière jusqu'au début du cinquième siècle, d'y voir l'excellente copie d'une œuvre de l'archaïsme avancé.

Nous n'osons pas dire, on le voit, que le marbre soit en fait un original de l'époque d'Alcamène. L'abondance des ornements qui parent la chevelure et l'élégance de leur ajustement, la science aussi du modelé, et l'on ne sait quel charme frais et joyeux qui émane du dieu, nous font plutôt songer à une création plus jeune, due à un sculpteur qui, comme Boéthos, aurait connu l'œuvre de Praxitèle et de Scopas. La couronne serait-elle la marque et comme la signature d'un artiste qui s'inspire du passé et l'interprète tout en restant personnel, comme on l'a dit de l'écharpe agencée de mode si pittoresque sur la tête du Dionysos de Boéthos?

(n° 1903) et dans le *Répertoire de la sculpture grecque et romaine* de M. Salomon Reinach (IV, p. 198, n°2).

Voici exactement l'état du marbre. Il manque la tête, le bas droit tout entier, la main gauche avec une partie de l'avant-bras et la pointe des pieds qui dépassaient la tunique. La tête et le cou, brisés sans doute dès l'antiquité, avaient été rattachés au corps au moyen d'un goujon dont on voit le trou d'insertion. Le bras droit, rompu au ras de l'épaule, fut replacé de même. Quant à l'avant-bras gauche, il fut sculpté à part et maintenu par une tige insérée dans une mortaise carrée encore garnie de plomb. Au sommet de la hanche gauche, on ne sait à quel effet fut plantée une pointe de métal qui existe encore, avec un trou à côté d'elle. Des tiges de métal montrent aussi comment les deux bouts des pieds saillants ont été rattachés après cassure, mais en vain, puisqu'ils ont disparu.

Ce sont là des mutilations graves ; la statue en subit d'autres encore, qui ont été habilement réparées. La tunique talaire, qui tombe de l'épaule droite, faisant écharpe en travers de la poitrine, laisse à nu la moitié de la gorge, l'épaule, le sein et le haut du bras gauches : un choc sans doute a détaché tout ce nu du reste du corps, suivant la ligne transversale de la tunique, mais on a pu rapprocher et recoller exactement le morceau avec du plâtre. De plus, à examiner de près le marbre, on voit que toute la hanche gauche et la jambe gauche jusqu'au milieu du mollet avaient sauté, ainsi que des plis de la tunique des-

cendant jusqu'aux pieds ; des détachements du même
genre s'étaient aussi produits dans le dos ; ces accidents ont été adroitement réparés ainsi que plusieurs
autres moins graves. Sur le revers de la statue sont
plantées des tiges de métal et creusées des mortaises,
mais ce métal ne servait sans doute qu'à fixer le
marbre contre un mur. Telle qu'elle est, grâce aux
soins ingénieux du restaurateur, l'œuvre paraît, même
à courte distance, en assez bon état.

Il n'y a pas de doute que ce soit une Aphrodite, de
très près apparentée à la célèbre Vénus de Fréjus au
Musée du Louvre. On sait que la critique, après avoir
songé à attribuer le modèle de cette dernière à Arcésilas, contemporain d'Auguste, incline maintenant à
fixer une date plus ancienne. Si quelques archéologues, comme Gerhard, Brizio, E. Curtius, M. de
Wite, frappés de la grâce élégante de la déesse, ont
évoqué l'Aphrodite drapée de Praxitèle que les Cni-
diens préférèrent à son Aphrodite nue, d'autres,
comme Furtwaengler et Me Lucy Mitchell, ont
attaché plus d'attention à l'archaïsme évident de la
tête, et ont proposé l'identification avec l'Aphrodite
des Jardins, ἐν κήποις, le chef-d'œuvre d'Alcamène.
Peut-être, comme l'a soutenu M. Salomon Reinach
avec une prudence ingénieuse, faut-il s'abstenir de
ces précisions, et admettre que le prototype de l'Aphrodite de Fréjus et de ses nombreuses sœurs est dû à un
sculpteur éclectique qui s'est inspiré à la fois des
œuvres, assez voisines d'ailleurs, d'Alcamène, de

Praxitèle et d'Arcésilas. « Nous serions, dit-il, en présence d'un type, évidemment fort en faveur dans l'antiquité, qui, créé par Alcamène, aurait été repris par Praxitèle d'abord, puis, à trois siècles de distance, par Arcésilas. L'air archaïque de la tête rappelle Alcamène, la grâce de l'attitude et de la draperie fait penser à Praxitèle. Ce que le sculpteur romain a pu ajouter à ce motif, c'est ce qu'il nous est impossible de reconnaître... (1) ».

Cela dit, parmi les Aphrodites drapées de cette belle série, celle du palais de Liria nous paraît une des plus admirables. Il n'est pas douteux qu'il faille la restaurer telle que se montre la statue du Louvre, relevant de la main droite son léger himation à la hauteur de son épaule et tenant de l'autre une pomme, tandis qu'elle incline coquettement la tête vers la gauche. Mais ce qui frappe ici, c'est le peu d'importance donné au manteau. Si l'on examine la statue par derrière (le revers est modelé avec beaucoup de soin , on remarque que la draperie, étroite et descendant assez bas en pointe arrondie, tombe tout droit, avec quelques plis seulement ; si on la regarde par devant, on voit que l'étoffe dépasse à peine, à droite, la ligne du corps, et seulement à la hauteur du torse ; à gauche, la saillie est un peu plus large, mais pas beaucoup ; elle descend de la hanche

_____

(1) Pottier et Reinach, *la Nécropole de Myrina*, Description des planches, p. 315.

jusqu'aux pieds. Il en résulte que la déesse paraît
extrêmement fine et mince. Il n'en est pas de même
de l'Aphrodite de Fréjus que les pans du manteau, à
droite et à gauche, élargissent, donnant au corps
qu'ils encadrent comme un fond sur lequel il prend
de l'ampleur.

L'artiste a certainement voulu donner cette impression de jeunesse gracile. Elle se marque par la peti-
tesse des seins, qui sont cependant d'une femme
adulte, l'aplatissement délicat du ventre virginal, et
l'étroitesse des hanches, et par tout l'allongement du
corps au rythme léger. Là réside en particulier l'originalité de la statue ; elle est aussi dans l'exécution pres-
tigieuse de la draperie mouillée. Bien peu d'antiques
nous donnent un exemple aussi précieux de ces tissus
subtils et diaphanes qui accusent et soulignent les
nudités sous prétexte de les voiler. Pas une ligne, pas
une courbe heureuse de la poitrine, de la taille ou des
jambes d'Aphrodite qui ne se révèle sous la transparence du lin dans son innocente impudeur, lignes et
courbes infiniment pures, auxquelles le hanchement
de la jambe gauche et le léger mouvement du pied
droit soulevé donnent une souplesse et une harmonie
vraiment divines.

La gorge, l'épaule et le sein nus, l'aisselle droite
légèrement découverte par l'échancrure de la manche,
portent à l'extrême cette impression de fraîcheur et
d'élégante jeunesse, et il y a dans cette chair voilée
ou dévoilée tant de fermeté et en même temps de

délicatesse virginale, tant de saveur, tant de vérité idéale et de vie, que nous nous résignerions malaisément à ne trouver ici que la main d'un copiste de l'époque impériale. Hübner a affirmé que la statue est en marbre italien ; nous avons peine à croire qu'elle n'a pas été ciselée dans le fin Paros par un génial successeur de Phidias, et même, toute brillante dans le somptueux vestibule qu'illumine sa beauté suave, elle évoque invinciblement à nos yeux la Cnidienne drapée de Praxitèle.

Il serait injuste de ne pas saluer au moins, au terme de cette visite, la collection de vases antiques dont Hübner, seul, a eu l'occasion de dire quelques mots. Lorsqu'il les vit (son livre, *Die antiken Bildwerke in Madrid*, date de 1862), ces objets précieux étaient difficiles à étudier. « Les vases, a-t-il écrit, ornent les murs d'un cabinet du palais de la Duchesse, et sont pour la plupart ainsi placés sur des consoles qu'il est impossible de les examiner suffisamment. » Il s'est donc contenté d'en signaler cinq qui lui ont paru les meilleurs.

Aujourd'hui, les vases sont en général très bien placés, très en vue et à bonne distance, sur de hauts bahuts, dans deux salons des Archives, et nous avons pu les considérer à loisir. Ils sont au nombre de trente, et, sauf un seul qui est presque complètement repeint avec quelque maladresse, en excellent état de conservation.

Nous ne nous attarderons pas à les décrire par le menu ni à les classer. Tous ou presque tous appartiennent à la grande famille des italo-grecs, et, pour être plus précis, à la série apulienne, et l'on sait que des fabriques italiotes, dont l'activité s'étend du milieu du quatrième au milieu du onzième siècle avant Jésus-Christ, sont assez rarement sorties des pièces de haut intérêt d'art ou d'archéologie. La maison d'Albe possède de grandes amphores, des hydries, des cratères, dont les formes sont belles, bien que parfois un peu lourdes, — telle l'amphore haute de 65 centimètres, qui attire la première les regards, — mais dont les sujets ne sortent pas de la banalité courante. Le plus souvent on ne voit sur les panses que des scènes de gynécée, femmes à leur toilette, entourées de leurs amies ou de leurs servantes, avec tout le joli mobilier des miroirs, des éventails, des couronnes, des bandelettes, des corbeilles, des plateaux ou des coffrets, tête-à-tête galants où un gracieux éphèbe offre des présents à une coquette amoureuse, dialogue de jeunes gens drapés dans un ample manteau qui se sont arrêtés en leur promenade auprès de quelque cippe, et causent en s'appuyant sur leurs longs bâtons. Sous les anses, la souple et riche profusion des rinceaux et des palmettes encadre ces aimables tableaux que soulignent ou surmontent des grecques ou des guirlandes de lierre ou de laurier.

La technique est rapide et sûre, mais l'art est trop souvent banal et le dessin trop lâché. Le céramiste, au pinceau trop agile, semble tracer sans amour ces jolies figures de son riche répertoire, aux formes pourtant pures, aux mouvements pourtant justes, aux draperies pourtant souples et harmonieuses, et même la parure des fins modèles, même leurs têtes si gracieuses sous les couronnes, les bandeaux, les cécrycéphales, les chignons en « flamme », il semble les tracer comme avec hâte et presqu'avec ennui, par devoir, sans joie et parfois sans esprit.

Sinon par le style, qui cependant a des finesses inconnues ailleurs, du moins par l'importance de l'un des sujets peints, la grande amphore que nous venons de signaler mérite qu'on la distingue. Si l'un des deux tableaux peints sur la panse n'est qu'une scène commune d'intérieur — un jeune homme offrant des présents à une jeune femme assise à qui des esclaves présentent des bandelettes, — l'autre est moins banal. On y voit sur un lit de parade un couple d'amoureux : le jeune homme joue de la lyre et la jeune femme l'écoute tandis que sur les côtés s'affairent des servantes ; un grand Éros ailé planant au-dessus d'eux va couronner les amants, et au-dessus de cette scène, sans que rien l'en sépare, l'artiste a figuré une jeune femme faisant vibrer une lyre triangulaire, qu'entourent aussi des femmes assises et debout ; un Éros volant vient couronner la musicienne.

Nous ne dirons pas que c'est le chef-d'œuvre de la
collection, mais c'en est au moins l'œuvre maîtresse,
et elle représente, dans le groupe restreint du palais
de Liria, la valeur moyenne de l'art céramiste de
l'Italie méridionale. La description en rend inutile
la description des autres grands vases qui l'accom-
pagnent, et parmi les plus petits il faut citer un joli
guttus noir portant pour tout ornement une vigou-
reuse tête de lion estampée, et surtout une sorte de
biberon de forme tout à fait rare, sinon unique, à
qui son anse haute et légère et son bec hardi donnent
une grâce singulière.

De ces grandes pièces décoratives, de ces menus
et fins bibelots, les salons sévères des Archives
prennent une note d'art élégante et grave, et là
aussi, plus modestement, mais aussi sûrement que
dans la grande salle des Vitrines, où se trouve
la prétendue Minerve sans casque, dans la chambre luxueuse où sourit l'ironie du Silène, dans le
noble vestibule où rayonne la svelte beauté blanche
de Vénus, s'affirme le goût parfait du maître de ces
trésors.

Et dans cet *archivo* où s'évoque l'esprit de la
Grèce italiote vivifié par l'esprit de la Grèce-mère, la
dame d'Elché, en une savante copie qui ne la trahit
pas, et dont la place ne pouvait être plus ingénieusement choisie, la dame d'Elché belle et grave, énigmatique et troublante en son originalité divine, est
le trait d'union glorieux entre l'Ibérie occidentale,

sauvage encore un peu, et l'Hellas souveraine dont l'art triomphant éveilla miraculeusement son génie.

BIBLIOGRAPHIE. — Angel DE BARCIA, *Catálogo de la colección de pinturas del Excmo Sr Duque de Berwick y Alba*, Madrid, 1911. — E. HÜBNER, *Die antiken Bildwerke in Madrid* (1862). — Id., *Memorie dell'Instituto di Corrispondenza archeologica*, II, p. 34.

TABLE DES PLANCHES

BOLONIA.

PALAIS DE LIRIA.

Pl. LXIII. — Grande façade.
Pl. LXIV. — Tête antique.
Pl. LXV. — Vénus antique.
Pl. LXVI. — Hermès de Dionysos.

N. B. — Un très grand nombre de clichés utilisés pour ces planches nous ont été très gracieusement prêtés par la Faculté des Lettres de Bordeaux, qui publie le *Bulletin hispanique*, ou par la maison Leroux qui les avait donnés soit dans la *Revue archéologique*, soit dans notre ouvrage : *Essai sur l'Art et l'Industrie de l'Espagne primitive*. Nous tenons à exprimer ici notre reconnaissance.

TABLE DES MATIÈRES

4892 — Tours, imprimerie E. ARRAULT et Cie

Antéquéra et son castillo.

Vue générale.

Castillo. Tour romaine (?)

Entrée et mur intérieur de la Cueva de Menga.

ANTÉQUÉRA

Cueva de Menga. Intérieur.

ANTÉQUÉRA

Cueva de Menga. Intérieur.

Cerro Blanco.

Entrée de la tombe du Cerro Blanco.

Allée et porte de la Cueva de Viera.

Allée et porte de la tombe du Cerro Blanco.

ANTÉQUÉRA

Tombe du Cerro Blanco. La chambre à coupole.

ANTÉQUÉRA

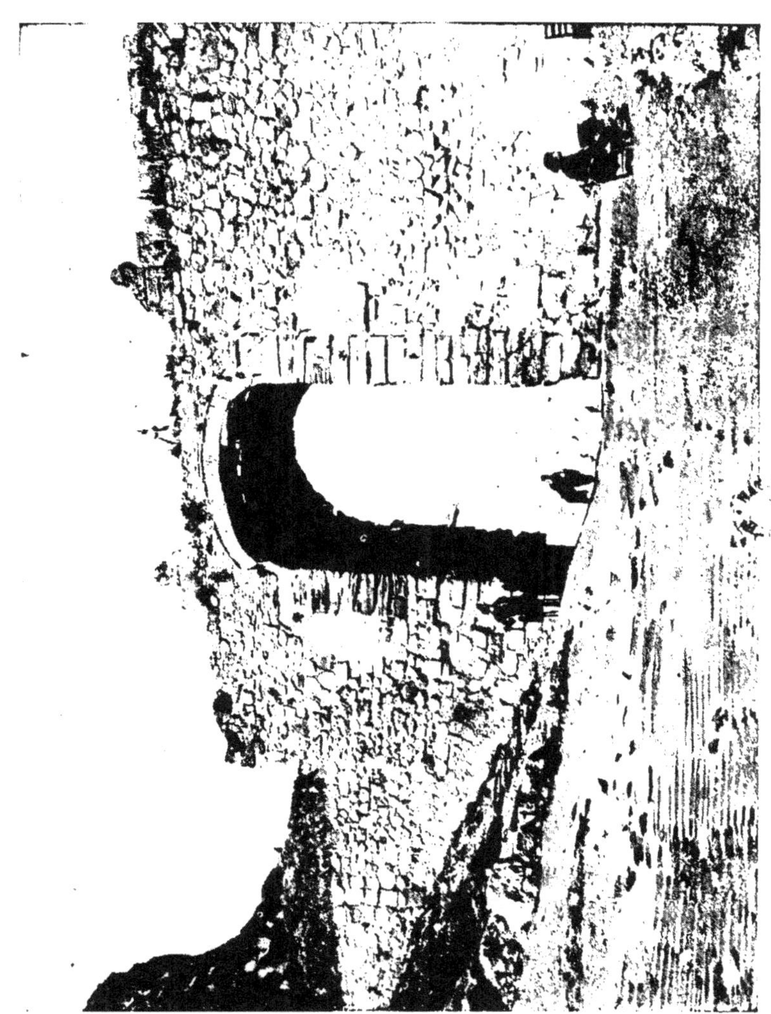

Arc des géants, vu de l'intérieur.

ANTÉQUÉRA

Arc des Géants, vu de l'extérieur.

ANTÉQUERA

Peña de los Enamorados.

ALPÉRA

Cerro del Bosque.

Abri de la Vieja.

ALPÉRA

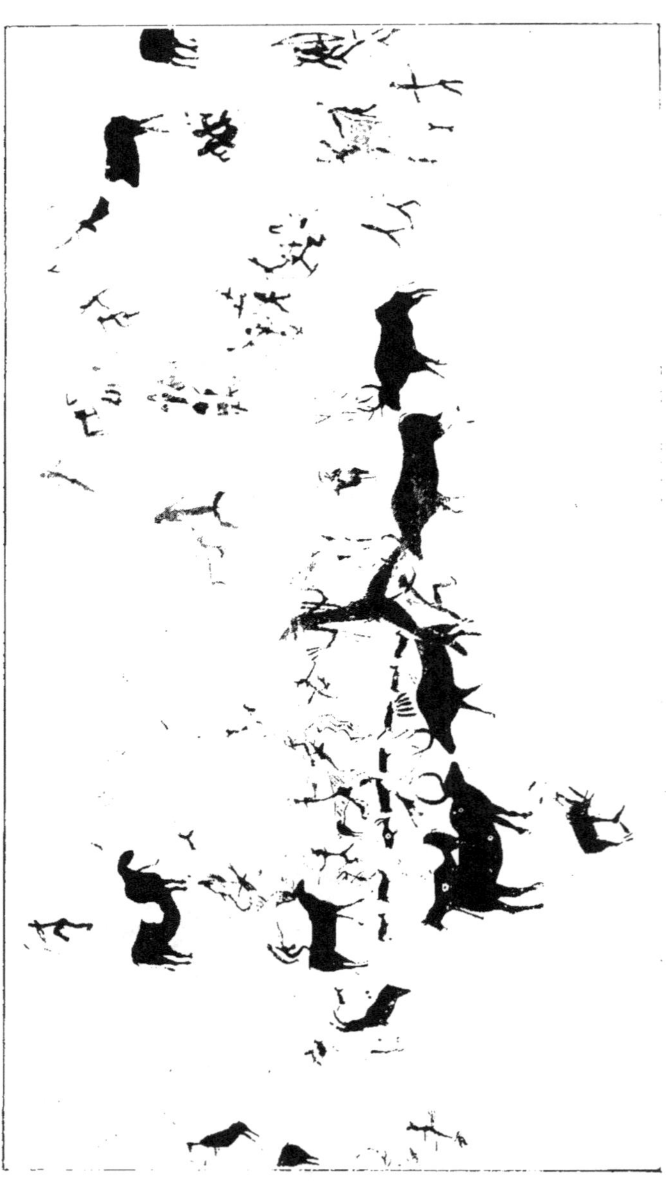

Alpéra — Peintures de l'Abri de la Vieja.

ALPÉRA

Alpéra — Peintures de l'Abri de la Vieja (détails).

MÉCA

L'acropole de Méca.

Chemin creux et citerne.

Sur le plateau de Méca.

Urnes funéraires ibériques de Méca.

Céramique peinte ibérique de Méca.

EMPORION

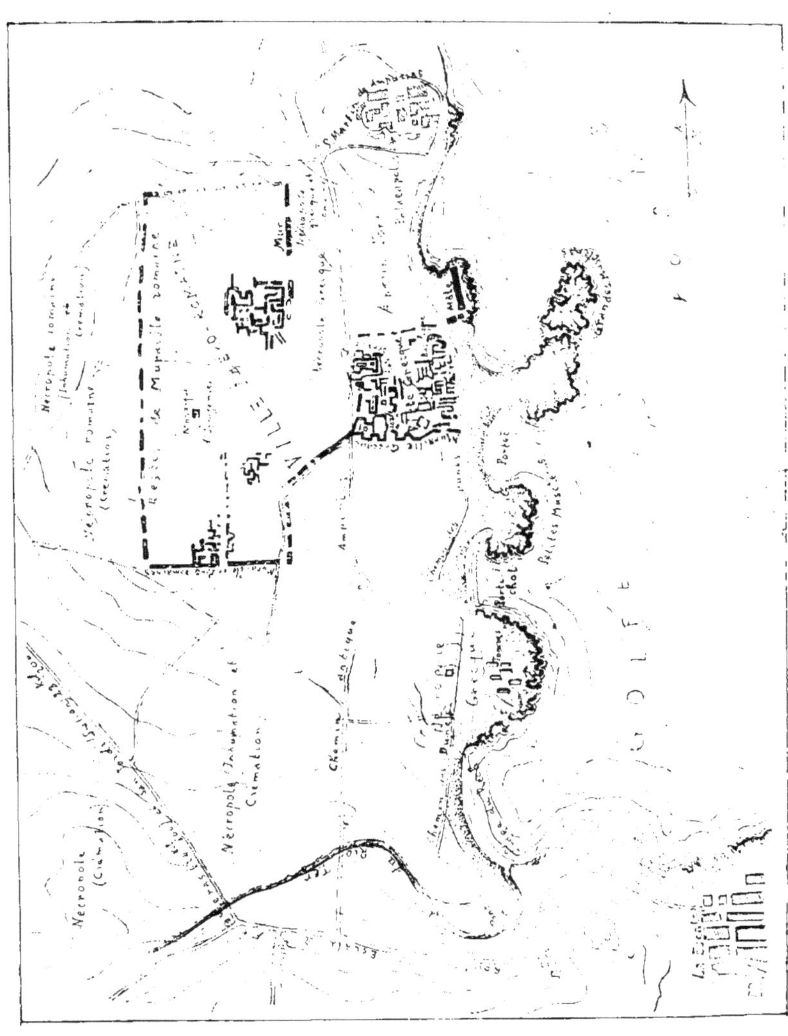

Plan des fouilles d'Emporion.

EMPORION

San Martin de Ampurias.

(Vue des fouilles d'Emporion.

Porte de la cité grecque.

ÈMPORION

Murailles d'Emporion.

Murailles d'Emporion.

EMPORION

Escalier de la Terrasse des sanctuaires.

Temple de Sérapis.

~Autels grecs (face postérieure).

Autels grecs (face antérieure).

Degrés du temple de Sérapis.

Soutènement d'un Temple.

EMPORION

La Terrasse des sanctuaires.

La grande muraille du Sud.

Sanctuaire grec.

La grande citerne.

Filtre construit avec des amphores.

EMPORION

Le Môle gravure ancienne.

Le Môle, état actuel.

La grande porte romaine (vue de l'intérieur de la ville).

EMPORION

Muraille romaine.

EMPORION

Ruines de la basilique chrétienne.

Tombes dans la nécropole grecque de Portichol.

Aphrodite.

Déméter (terre-cuite).

Fragment ibérique. Chasse au cerf.

Niké sur un vase grec.

Alabastre.

Céramique ibérique et grecque.

La Escala de Ampurias.

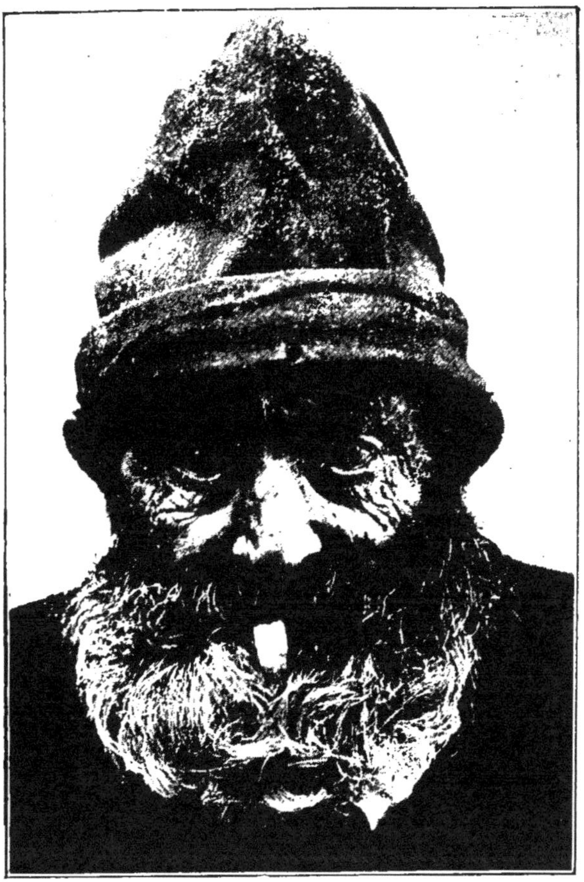

Emporitains de jadis et d'aujourd'hui.

Almènara — Temple d'Aphrodite.

Punt del Cid. Vue d'ensemble.

Punt del Cid (muraille).

Le Castillo

SAGONTE

Bastion romain (?) sur un flanc du Castillo.

SAGONTE

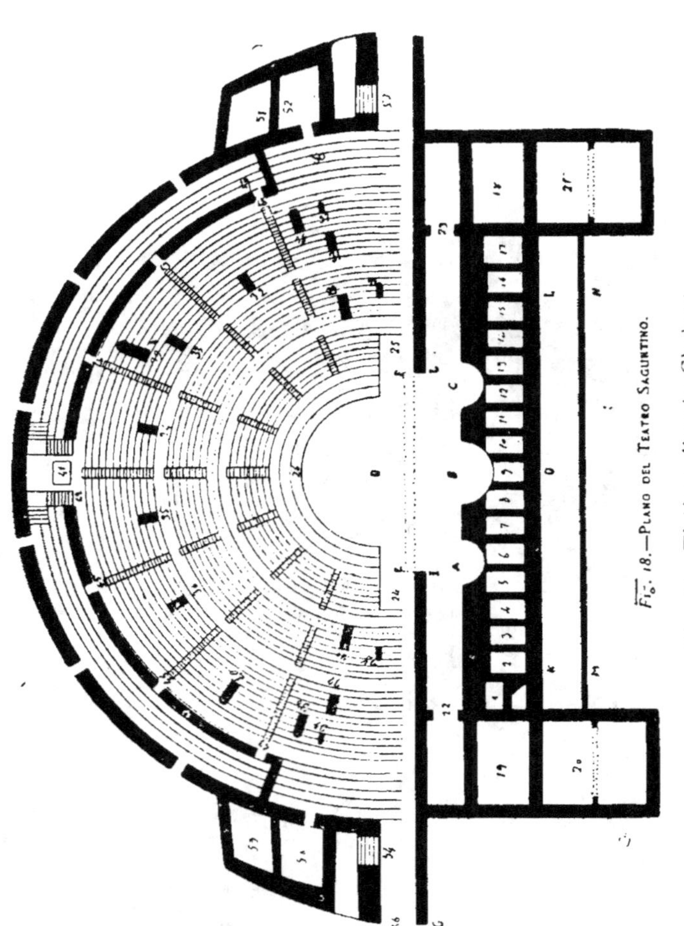

Plan du Théâtre d'après Chabret.

Théâtre de Sagonte d'après Ortiz.

SAGONTE

Au théâtre de Sagonte.

SAGONTE

Au Théâtre de Sagonte.

SAGONTE

Mur du cirque, aujourd'hui détruit.

MÉRIDA

L'aljibe du conventual.

MÉRIDA

Aqueduc de los Milagros.

Le Pont romain.

Charca de Cornalvo.

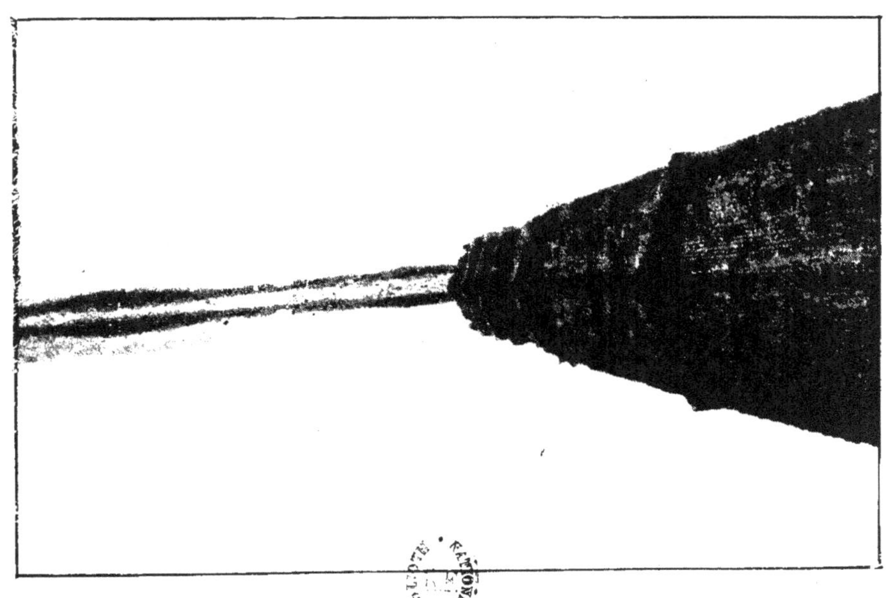

Charca de Proserpina.

MÉRIDA

Arc de Trajan.

MÉRIDA

Temple de Diane (?)

MÉRIDA

Théâtre.

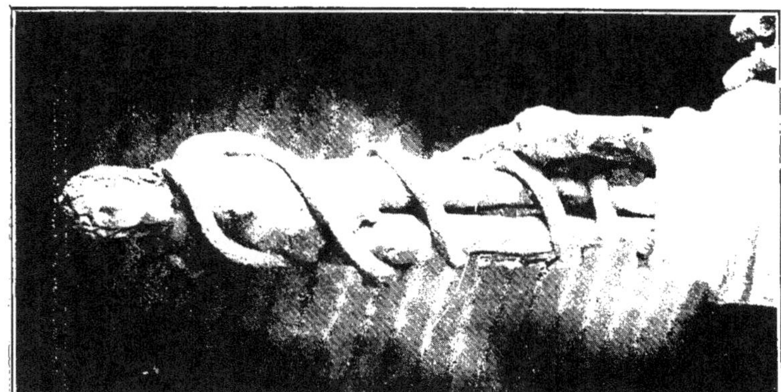

Mithra (au Musée)

Statue au Théâtre (Proserpine?)

MÉRIDA

Cérès au Théâtre.

MÉRIDA

Amphithéâtre

MÉRIDA

Portes de l'amphithéâtre.

Horno de Santa Olalla.

Obélisque de Sainte Eulalie.

Route de Tarifa à Cadix — La Peña de la Escalera.

Choza del Tio Frasco à Bolonia.

BOLONIA

Sur le sentier de Bolonia. Carrières et dunes de Palomas.

Sur le sentier de Bolonia. — La Laja de la Sarga.

Sur les dunes de Palomas. — Tambour de colonne.

Sur la plage. — Débris antiques

Mur d'enceinte.

Le Théâtre romain.

Tombeau antique (Santa Catalina).

Aile droite.

Aile gauche.

Théâtre romain.

Ruines de l'aqueduc de Palomas.

Grande façade.

PALAIS DE LIRIA

Tête antique.

Vénus antique.

Hermès de Dionysos.